Ich hab' das Lachen nicht verlernt

Die Lebensgeschichte von Edith Erbrich

aufgezeichnet von Peter Holle

edition momos Verlagsgesellschaft mbH

ISNB-Nr. 978-3-930578-26-9

Herausgeberin: Edith Erbrich

Gesamtherstellung:
mt druck Walter Thiele GmbH & Co. KG
Carl-Friedrich-Gauß-Straße 6, 63263 Neu-Isenburg

Vertrieb: edition momos Verlagsgesellschaft mbH
Carl-Friedrich-Gauß-Straße 6, 63263 Neu-Isenburg

Titelgestaltung: Stefan Schneider

Inhaltsverzeichnis

Kapitel 1

„Ihr werdet doch alle vergast!"
Kindheit im Ostend 1937–1942

Vater jüdisch, Mutter katholisch

Im Frankfurter Ostend komme ich als Edith Bär am 28. Oktober 1937 im jüdischen Krankenhaus in der Gagernstraße zur Welt. Zwei Jahre vor meiner Geburt ist von den Nazis und den deutschen Juristen bereits dekretiert worden, was ich für eine bin. Die Nürnberger Rassegesetze vom September 1935 und die erste Verordnung zum Reichsbürgergesetz vom November 1935 schreiben das fest: „Jüdischer Mischling ist, wer von einem oder zwei der Rasse nach volljüdischen Großeltern abstammt."

Ich und meine vier Jahre ältere Schwester Hella – sie ist am 1. Juli 1933 geboren – firmieren als „Mischlinge ersten Grades", denn unser Vater Norbert Bär stammte aus einer „volljüdischen", unsere Mutter Susanna aus einer katholischen Familie.

Das wurde auch sehr rasch amtlich und offiziell gemacht. Ich war noch keine zwei Jahre alt, da hatte ich schon eine behördliche Kennkarte. Ausstellungsdatum: 14. September 1939, gültig bis 14. September 1944. Ich habe das Original noch heute: Zu erkennen ist das fett gedruckte „J" (für Jude),

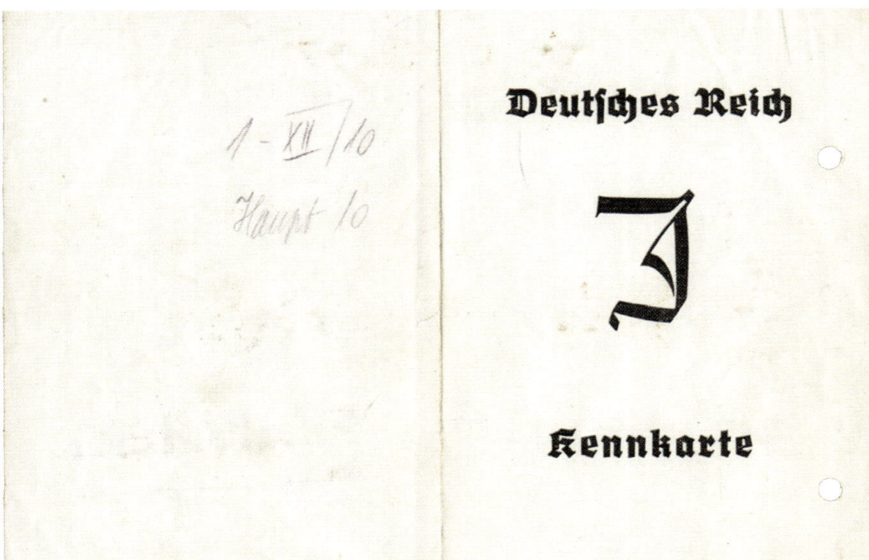

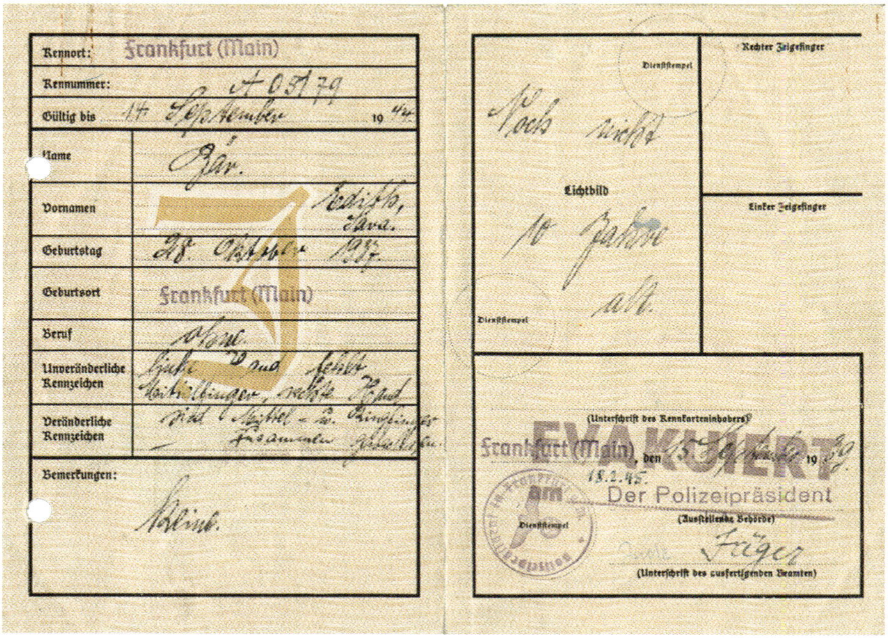
Kennort: Frankfurt (Main)
Kennummer: A 05179
Gültig bis 14. September 1944
Name: Bär
Vornamen: Edith, Sara
Geburtstag: 28. Oktober 1937
Geburtsort: Frankfurt (Main)
Beruf: ohne
Unveränderliche Kennzeichen:
Veränderliche Kennzeichen:
Bemerkungen:

Rechter Zeigefinger
Dienststempel
Noch nicht
Lichtbild
10 Jahre alt.
Linker Zeigefinger
Dienststempel
(Unterschrift des Kennkarteninhabers)
EVAKUIERT
Frankfurt (Main), den
18.2.45.
Der Polizeipräsident
(Ausstellende Behörde)
Dienststempel
(Unterschrift des ausfertigenden Beamten)

der Zwangsname „Sara“ und – anstelle des Lichtbilds – der Vermerk „noch nicht zehn Jahre alt“. In der Rubrik „unveränderliche Kennzeichen“ steht: „Missbildungen an den Händen“. Es handelt sich um eine Erbkrankheit, überkommen aus der großväterlichen Familie väterlicherseits. Gemeint sind Deformationen und Verkrümmungen an Mittel- und Zeigefingern.

Schweiz, Warschau, Sindlingen

Meine Oma väterlicherseits ist in Warschau als Paula Hilowik geboren und als junge jüdische Frau nach Frankfurt gekommen. Ganz allein, ohne Familie. Wann genau das war, wissen wir nicht. Wieso–weshalb es sie hierher gezogen hat – darüber hat sie nie gesprochen. Auch warum sie eine kleine Pension im Gerichtsviertel, dem Klapperfeld, führte, wo Leute auf der Durchreise und/oder Zeugen, die sich für Prozess-Aussagen hier aufhielten, nächtigten – keine Ahnung. Das alles war nie Thema in der Familie Bär, und es existieren auch keine Unterlagen mehr, um das aufzuklären. Ihre sämtlichen Familienpapiere sind 1943 von der Gestapo kassiert und vernichtet worden.

Fest steht allerdings: Oma traf hier Ende des 19. Jahrhunderts meinen Opa, den Hugo Bär. Der war Gerichtsassessor. Beide waren jung.

Der Opa kam „irgendwie“ aus der Schweiz, hat am Frankfurter Gericht gelernt und gearbeitet und dort in der Nähe in der kleinen Pension am Klapperfeld, wo früher das Café Meyer war, logiert. Da an der Ostzeil haben sie sich kennengelernt – aber wie die sich kennengelernt haben, das weiß ich nicht. Sie haben jedenfalls geheiratet. Es kamen Kinder: der „Älteste“ im Mai 1895, mein Onkel Julius; dann die Fanny. Der Jüngste war der Norbert, unser Vater. Der erblickte am 4. Oktober 1909 das Licht der Welt.

Er ging im Philanthropin zur Schule, absolvierte zwischen 1924 und 1927 an der Zeil bei der Firma seines Bruders Julius Baer, in dessen Kurz- und Scheuerwaren-Großhandlung, eine Lehre. 1929 bis 1932 verdient er sich bei einer Offenbacher Lederwarenfirma als Lagerist und Portefeller seinen Lebensunterhalt. „Schöne Taschen – sowas habe ich auch gemacht“, hat er uns Mädchen mal erzählt. Das Unternehmen musste allerdings schließen – wohl im Zuge der Weltwirtschaftskrise.

Vater ist als Jude dann von 1933 an arbeitslos geblieben und wurde auch von 1935 an – auch das eine Folge der Nürnberger Rassegesetze! – schlicht und einfach nicht mehr vermittelt.

Familie Bär vorm Krieg (v. l.): Hella, Edith, Norbert und Susanne

Das war schon ziemlich fatal, denn als er wegen seiner Abstammung auf die Straße gesetzt wurde, musste er eigentlich für seine eigene Familie sorgen. Er heiratete nämlich am 12. Juni 1933 unsere – damals schon hochschwangere – Mutter Susanna. Zweieinhalb Wochen später war das frisch vermählte Paar schon zu dritt. Meine Schwester Hella wurde geboren.

Mutti stammte aus Sindlingen, war fünf Jahre älter als Vater, hatte kurz in den Farbwerken gearbeitet und war dann ins Café Meyer auf der Ostzeil als Hausmädchen in Stellung gekommen. Dort lebten ja nun auch die Bärs quasi um die Ecke, dort war unser Vater aufgewachsen – und so trafen sich Susanna und Norbert halt dort, wo sich auch schon unsere Großeltern väterlicherseits kennen und lieben gelernt hatten. Susanna war katholisch und galt damit für die NS-Machthaber als arisch. Dass sie, die „reinblütige“ Christin, einem Juden das Jawort gegeben hatte, machte die Familiengründung zu einer sogenannten „privilegierten Mischehe“. Das Privileg: Der jüdische Ehepartner war vor Deportation geschützt – was aber auch nur bis etwa 1943 galt.

Mutti, Vati, Hella haben kurze Zeit noch bei den Großeltern Bär auf der Zeil gewohnt. Die Räume waren eng – die jungen Leute hatten nur ein Zimmer, Mutti musste die Küche mit Oma teilen. Umzug in die Neuhofstraße, dann rüber ins Ostend, in die Ostendstraße. In diesem Viertel stand sozusagen meine Wiege, hier habe ich laufen und sprechen gelernt – als „Mischling ersten Grades“, Tochter einer in „privilegierter Mischehe“ lebenden „Arierin“ und eines „Volljuden“.

Ostend – das jüdische Viertel

Meine Eltern, meine Schwester und ich waren mit solcher Brandmarkung im Ostend nicht allein. Anfang der 1930er-Jahre lebte ein Drittel der Frankfurter Juden – gut 10.000 Menschen – in diesem Quartier. Das waren an die 20 Prozent der Gesamtbevölkerung im Stadtteil. Es war „das“ jüdische Viertel in Frankfurt.

Hier klumpten sich die Institutionen und Einrichtungen. Im Röderbergweg die jüdische Volksschule, das Rothschildsche Krankenhaus, die Israelitische Versorgungsanstalt, das jüdische Waisenhaus und Kinderheim, das Kinderhospital. In der Gagernstraße/Grüne Straße das jüdische Krankenhaus. In der Friedberger Anlage die Synagoge und die Thora-Lehranstalt. In der Straße „Am Tiergarten“ die israelitische Realschule. In der Königswarter Straße die Jüdische Fürsorgeanstalt und die jüdische Haushaltungsschule, im Hermesweg die Israelitische Religionsschule (mitsamt Bethaus). Weitere Bethäuser finden sich in der Ostendstraße und in der Theobald-Christ-Straße. Dort auch die Israelitische Suppenanstalt und das private jüdische Mädchenlyzeum. In der Rückertstraße das jüdische Jugendheim. Ich habe von all dem so gut wie nichts mitbekommen.

Zum einen liegt das natürlich daran, dass meine bewussten Erinnerungen an Lebenswelt und Umgebung ohnehin erst in den Jahren 1941/42 einsetzen – und ich das Ostend als Ostend und jüdisches Viertel überhaupt noch nicht wahrnehmen und realisieren konnte.

Zum zweiten: Das alles wurde dichtgemacht, als ich noch klein war – „neuen Nutzungen zugeführt", wie es auf Amtsdeutsch hieß. Wurde von 1939 an zwangsverkauft an die Stadt Frankfurt – zu geradezu lächerlich geringen Kaufpreisen.

Auch von dem einst blühenden jüdischen Wirtschafts- und Gewerbetreiben im Ostend habe ich nichts mitgekriegt. Ich erfahre erst Jahrzehnte später aus Geschichtsbüchern, dass sich bereits Ende des 19. Jahrhunderts jüdische Fabrikanten hier – nahe Großmarkthalle, Osthafen und Ostbahnhof – niedergelassen hatten; dass es unter denen kaum etwas gab, was es nicht gab: Betriebe, in denen Farben, Lacke, Putzmittel, Öle, Fette und Leuchtmittel hergestellt wurden – beispielsweise die Chemische Oelfabrik Gebr. Rothschild an der Hanauer Landstraße (seit 1875) und die Chemische und Seifenfabrik Edelmuth und Oppenheim (Ostendstraße); die Fa. Gebrüder Cassel stellte Textilklebstoffe und Imprägniermittel (Casselin) her; in der Hanauer Landstraße saßen die Bettfedernfabrik Baum & Mosbacher und die Getreide- und Futtermittelhandlung Seligman und Grünebaum.

Und im Ostend siedelten Schwergewichte von internationaler Bedeutung: die Ph. Mayfarth & Co., „der" Landmaschinenhersteller in Europa; die Naxos Union (Julius Pfungst), der Weltmarktführer für Schleifmittel und Schleifmaschinen; Schade & Füllgrabe (Filialen, Zentrallager, Brotfabrik) und der Feinkost-Konzern „Witwe Hassan" (50 Filialen, Kaffeerösterei; Kaffee, Tee, Kakao, Schokoladen, Bonbons, Gebäck).

Für mich ist das alles kein Begriff mehr gewesen – und ich hatte und habe da auch nichts mehr vor Augen. Kein Wunder: Als ich zur Welt kam, waren im Ostend hunderte von Entjudungs- und Enteignungsverfahren angelaufen, wurden jüdische Mitarbeiter in Wellen entlassen. Die „Arisierung der deutschen Wirtschaft", schon Ende 1937 reichsweit begonnen, kam in Fahrt. Ab dem 1. Januar 1939 mussten Juden als „Unternehmer aus dem Einzelhandel, dem Handwerk und dem Marktverkehr endgültig ausscheiden"; leitende Angestellte erhielten Berufsverbot. Flankierend dazu wurde im November 1938 die „Verordnung zur Ausschaltung der Juden aus dem deutschen Wirtschaftsleben" erlassen. Und die ist in Frankfurt – nach allem, was man weiß und erforscht hat – extrem forciert worden. Die jüdischen Fabrikanten und Kaufleute sind hier – im Vergleich zu anderen Städten und Regionen im Reich - brutalstmöglich ausgeraubt und vertrieben worden.

Vor aller Augen
Mir haben später immer wieder Leute – auch und gerade langjährige Ostendbewohner und angeblich „aale Frankforder, die nix geje die Judde gehabt hawwe" – erzählt: „Aber das haben wir doch nicht gewusst . . . Davon haben wir nichts mitgekriegt!"

Lügen! Jeder, aber auch jeder im Ostend musste doch mitkriegen, dass in den Wohnstraßen Schlimmes und Augenfälliges gegen die Frankfurter Juden im Gange war. Am 30. April 1939 war nämlich der Mieterschutz für Juden aufgehoben worden. Im Stadtgebiet wurden daraufhin 400 Wohnungen in 375 Häusern „judenfrei" gemacht – die daraus Vertriebenen in 275 „Judenhäusern" zusammengepfercht, vor allem im südlichen Nordend und im Ostend bis hin zum nördlichen Mainufer. Es ist ein faktisches Ghetto entstanden zwischen Fahrgasse, Zeil, Sandweg, Waldschmidt-, Windeckstraße/Röderbergweg bis zum nördlichen Mainufer – und jeder konnte das sehen! Straßen mit mindestens zwei Ghettohäusern finden sich gehäuft in Hanauer Landstraße, Hermesweg, Obermainanlage, Ostendstraße, Röderbergweg, Uhlandstraße.

Die menschenverachtende Umsiedlungsaktion ist verbunden mit Schikanen und Quälereien, die den „deutschblütigen" Nachbarn nicht entgehen konnten. Juden – also auch meine Großeltern! – müssen ihre Rundfunkgeräte abliefern (23. September 1939). 1940 kriegen Juden keine Kleiderkarten mehr (6. Februar), dürfen nur in der Zeit zwischen 16 und 17 Uhr Lebensmittel einkaufen – an zehn extra eingerichteten Verkaufsstellen und nur mit – eine besondere Frankfurter Erfindung! – besonders gekennzeichneten Lebensmittelkarten (4. Juli); werden ihnen die Fernsprechanschlüsse gekündigt (29. Juli).

1941 werden sie zur Zwangsarbeit vergattert (7. März); müssen alle Juden, die das sechste Lebensjahr vollendet haben, vom 19. September an den gelben Stern tragen. Es werden sämtliche geltenden arbeitsrechtlichen Vorschriften für Juden aufgehoben (3. Oktober); Juden dürfen keine öffentlichen Fernsprecher mehr benutzen (21. Dezember).
1942 geht es ungebrochen weiter: Juden dürfen keine Zeitungen und Zeitschriften mehr kaufen (17. Februar); keine „arischen Friseure" mehr aufsuchen (22. April); keine Haustiere mehr halten – sie müssen Hunde, Katzen etc. zur Gestapo bringen (15.Mai); am 19. Juni müssen sie alle ihre elektrischen und optischen Geräte sowie Fahrräder, Schreibmaschinen und Schallplatten abliefern; Juden dürfen keine Bücher

mehr kaufen (9. Oktober) – zehn Tage später werden ihnen auch die Fleisch- und Milchmarken entzogen.

Gute Freunde

Auch die „privilegierte Mischehe", in der mein Vater lebte, bot ihm (und auch uns) natürlich keinen umfassenden Schutz.

Der Vater als der eigentliche Ernährer der Familie hatte in den ersten fünf Jahren seiner „privilegierten Mischehe" keine Arbeit. Das änderte sich erst im Jahr meiner Geburt, als er eine Hilfsarbeiterstellung bei der Jüdischen Wohlfahrtspflege bekam. Aber mit Handlanger- und Botendiensten konnte er sich kaum durchschlagen, geschweige denn seine Familie durchbringen. Er hat dann eben auch noch nebenbei das getan, was er zuvor schon tat: Sich an gute Freunde gewandt, die zu ihm gestanden haben und ihm auf Zuruf und illegal Gelegenheitsjobs besorgten. Da ist er beim Kirchenbauer in die Worschtküch' und hat geputzt. Hat fürs Gemüsegeschäft Schönbach an der Obermainanlage nachts Kartoffeln eingesackt. Hat ausgeholfen im Milchgeschäft Hau in der Oskar-von-Miller-Straße – in der Dunkelheit bei Nacht und Nebel: „Norbert, Du kannst da helfe, Du kannst des mache."

Wobei Vater ja auch noch trotz seines Handikaps von einer Fingerfertigkeit war, die mich immer wieder bass erstaunt hat. Er war enorm handwerklich begabt, hat alles gemacht, gekonnt und gearbeitet. Hat tapeziert. Hat alles Elektrische gemacht, sich auch noch selber die Hosen gebügelt. Hatte bei alldem noch eine sagenhafte Schrift.

Das war vielleicht sein Glück, dass er alles machen konnte. Er war von den Großeltern so erzogen worden, denn von der Linie väterlicherseits her gab es diese genetisch überkommenen Behinderungen, mit denen Vaters Geschwister, also Onkel Julius und Tante Fanny, mein Cousin Heinz und ich zu Welt gekommen waren. Auch meine Eltern haben darauf gedrungen. „Ihr macht euer Ding wie jeder andere auch", hieß es. Und wenn jemand sagte „die Edith, die kann das doch net", dann ist meine Mutter immer dazwischen gegangen, ehe man mir helfen oder behilflich sein konnte – immer mit dem Spruch „ach was, die kann alles!"

Auch Mutter, die ja gut zehn Jahre – bis zu ihrer Dienstverpflichtung 1943 – Hausfrau war und uns großzog, ist nebenbei putzen gegangen, um uns über die Runden zu bringen. Und auch sie hatte eine Reihe guter Bekannter – Hella spricht noch heute von ihnen als „gute Leute" –, die uns was zukommen ließen. Ein Beispiel: In der Ostendstraße hat über uns eine Frau gewohnt, die in der landwirtschaftlichen Halle bei den Soldaten in der Kantine arbeitete. Die kam nachts um elf heimlich und hat einen Tender mit Essen zu uns gebracht. Ja, Mutters gute Leute kamen meist nachts, wenn die Fenster verdunkelt wurden.

Woher Vater (und Mutter) immer mal wieder was zum Essen organisierten, wusste ich nicht. Auch war mir nicht bewusst, dass Lebensmittel – auch und gerade für die Juden und Mischlinge im Ostend – knapp waren.

In unserem Buffett entdeckte ich jedoch eines Tages eine Lage Eier; Hella, unsere Freundin I. vom Nachbarhaus, und ich kamen auf die Idee, damit Essen zu kochen. Da ich die Kleinste war, wurde die oberste Schublade entfernt, ich – als die Kleinste – in das Loch geschoben und konnte so die einzelnen Eier herausholen. Es war eine tolle Sache – aber das Donnerwetter am Abend war nicht von schlechten Eltern. Und es war für unsere Eltern schlimm, ihren Kindern immer und immer wieder einzuschärfen, mit Nahrungsmitteln hauszuhalten. Denn: Wir waren wie alle Kinder, wir hatten Blödsinn im Kopf, heckten Streiche aus, fanden Verbote schrecklich.

Beugehaft

Wobei Mutters Position als die „Arierin" in der Familie auch nicht unangefochten war. Als Mutti und Papa geheiratet haben und Hella war schon unterwegs – da wollte die Oma halt haben, dass die Mutti übertritt zum jüdischen Glauben – es könnte doch ein Sohn werden, und der sollte bitte, bitte beschnitten werden. Die Eltern haben nachgegeben: Na gut, tun wir der Oma den Gefallen. Mutter ist in die Mikwe gegangen.
Dieser formale Übertritt aus reiner Gefälligkeit zur Schwiegermutter ist ihr dann fast zum Verhängnis geworden, denn die Gestapo hatte das durchaus registriert und zum Vorwand genommen, die ihr als „Arierin" eigentlich zustehenden Kleiderkarten für sich und uns zu streichen und bei ihr Druck zu machen, die privilegierte Ehe aufzulösen.

Als sie wegen der Kleiderkarte auf dem Wirtschaftsamt vorsprach, bekam sie zur Antwort: „Hätten Sie den Jud' nicht geheiratet! Lassen Sie sich scheiden!" Daraufhin passierte folgendes, was sich auch in einer Akte findet. Zitat: „Die B. hat sich auf dem Wirtschaftsamt ungebührlich betragen, da ihr aufgrund ihrer Zugehörigkeit zur jüdischen Religionsgemeinschaft die Kleiderkarte verweigert wurde.“

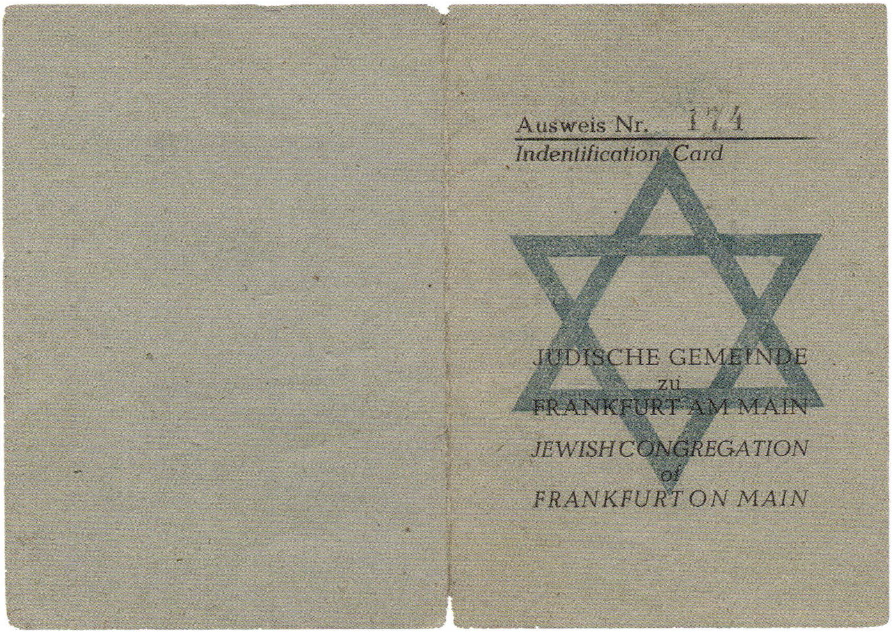

Ausweis Nr. 174
Indentification Card

JÜDISCHE GEMEINDE
zu
FRANKFURT AM MAIN
JEWISH CONGREGATION
of
FRANKFURT ON MAIN

Name Bär geb. Henz
Name
Vorname Susanna
Other names
geboren am 19.6.04
Date of birth
zu Ffm.-Sindlingen
at
wohnhaft Ffm., Hügelstr. 109
Address

ist jüdischen Glaubens und Mitglied unserer Gemeinde.
is of jewish faith and belongs to this organisation.

Jüdische Gemeinde
Der Vorstand
I. A.
Jewish Congregation
For the Board

Frankfurt am Main, den 15. März 1946

Susanna Bär.
Eigenhändige Unterschrift

Sie wurde 21 Tage in Beugehaft genommen. Da musste sie sich von einem Gestapo-Verhörer Sätze anhören wie „warum wird so viel Gedöns wegen der Juden gemacht – die werden doch alle vergast!“

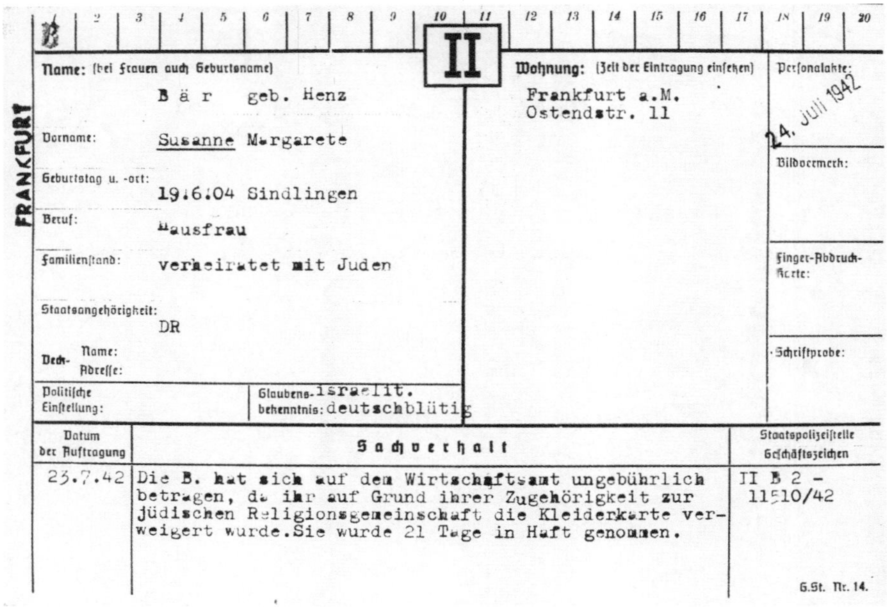

FRANKFURT

B — 2 3 4 5 6 7 8 9 10 11 12 13 14 15 16 17 18 19 20

II

Name: (bei Frauen auch Geburtsname) B ä r geb. Henz

Vorname: Susanne Margarete

Geburtstag u. -ort: 19.6.04 Sindlingen

Beruf: Hausfrau

Familienstand: verheiratet mit Juden

Staatsangehörigkeit: DR

Deck- Name: / Adresse:

Politische Einstellung:

Glaubens-bekenntnis: israelit. deutschblütig

Wohnung: (Zeit der Eintragung einsetzen) Frankfurt a.M. Ostendstr. 11

Personalakte: 24. Juli 1942

Bildvermerk:

Finger-Abdruck-Karte:

Schriftprobe:

Datum der Auftragung	Sachverhalt	Staatspolizeistelle Geschäftszeichen
23.7.42	Die B. hat sich auf dem Wirtschaftsamt ungebührlich betragen, da ihr auf Grund ihrer Zugehörigkeit zur jüdischen Religionsgemeinschaft die Kleiderkarte verweigert wurde. Sie wurde 21 Tage in Haft genommen.	II B 2 - 11510/42

G.St. Nr. 14.

Wegen ihrer formalen Zugehörigkeit zur Jüdischen Gemeinde wird die „Arierin“ Susanne Bär von der Gestapo für 21 Tage in Beugehaft genommen.

Aber meine Mutter ließ sich nicht erpressen und sagte sich nicht von ihrer Familie los. Warum, wieso und wer es veranlasste, dass sie wieder freikam, das ist bis heute unklar.

Kapitel 2

„Wir mussten als Kinder schon erwachsen sein"
Verfolgung und Bombenkrieg – die Familie Bär 1943/1944

Allein zu Haus

In der Ostendstraße wurden die Zeiten schlimmer für uns – nein, es war keine schöne Kindheit. Anfangs konnten wir noch einigermaßen mit unseren Freunden spielen – oder auch mit den Zinnsoldaten, von denen ein Hausbewohner im Erdgeschoss eine große Sammlung hatte. Aber dann versiegten die Kontakte – schon allein deshalb, weil wir – im Gegensatz zu den gleichaltrigen „Ariern" – nicht in die Schule durften.

1943 hätte ich in die Schule gehen sollen, aber jüdischen Kindern und Kindern aus „Mischehen" war der Schulbesuch verboten. Was heute wohl für viele Kinder und Jugendliche kaum vorstellbar ist: Ich wäre damals gerne zur Schule gegangen. Ich empfand es als Ausgrenzung, nicht hingehen zu dürfen. Ich durfte nicht mit meinen Freundinnen in die Schule, durfte nicht lernen. Das war für mich schlimm. Ich konnte keine Buchstaben und Zahlen.

Hella hatte mir da nicht viel voraus. Sie war nur ganz kurz, vielleicht ein halbes Jahr, in der Schule gewesen. Dann mussten Vater und Mutter sie wieder abholen.

Von 1943 an blieben wir also zu Hause – und dort waren wir regelrecht allein. Vater ist dienstverpflichtet worden – bei der städtischen Bauabteilung/Bestattungsamt. Das hieß: Gräber ausheben, Trümmer beseitigen, Leichen aus den Ruinen bergen und zum Friedhof schaffen. Und niedere Arbeiten aller Art.

1943 bis 1945 ist der Jude Norbert Bär zur Zwangsarbeit dienstverpflichtet. Hauptaufgabe: Leichen aus den Frankfurter Ruinen bergen und zum Friedhof schaffen.

Die Mutter war auch ab 1943/44 zum Arbeitseinsatz abkommandiert worden, dienstverpflichtet zur Firma „Pikopharm" an der Hanauer Landstraße (heute ist dort die Zoo-Passage). Das war eine pharmazeutische Fabrik. Da hat sie am Band Spritzen und Tabletten sortiert.

Währenddessen waren wir auf uns gestellt. Hinten im Hof war ein Baum, da haben wir gedacht: Da können wir ein bißchen mit den Puppen spielen. Und schon rief eine „arische“ Nachbarsfrau: „Die Juddebälsch, raus aus dem Garte!“

Wir haben uns auch nicht viel rausgetraut und sind so selten an die Luft gekommen.

In diesem Frühjahr 1943 erklärte der Gauleiter Jakob Sprenger Frankfurt für „judenfrei“. Das stimmte nicht. Von einst 15.000 Mitgliedern der Jüdischen Gemeinde Frankfurt (1941) lebten im Sommer 1943 noch gerade mal 495 (!) hier – und einige „hundert Mischlinge.“ Darunter mein Papa und seine beiden Mädchen.

Hella hat in diesen Tagen immer Todesängste gehabt, dass auch die Eltern noch verschwinden. Selbst wenn Mutti und Vati nur mal in den ersten oder zweiten Stock gegangen sind, fing sie an, sie verzweifelt zu suchen. Sie hat ja auch die Unterhaltungen der Eltern in der Küche mitgekriegt. „Der und der ist gestern abtransportiert worden ... Jetzt wolle se des Löbche vom Sundheimer auch noch holen.“

Sie hat das alles gehört, aber nichts gesagt. Und Todesängste ausgestanden. Und ihr ging ständig durch den Kopp: „Wenn die den Vadder hole ...“

Liliput

In der Ostendstraße gastierte einmal ein Zirkus, bei dem Liliputaner mitwirkten. Das war auf den Plakaten zu sehen – die kleinen Menschen, die genauso groß schienen wie ich mit meinen fünf Jahren. Die liebe ich – man glaubt es kaum – bis heute über alles.

Als Kind musste ich, wenn ich einem „Großen“ in die Augen sehen oder auf den Mund gucken wollte, immer den Kopf in den Nacken legen. Selbst meine Schwester war größer als ich.

Aber mit den Liliputanern war ich auf Augenhöhe – und die waren doch schon erwachsen. Die vom Zirkus lebten in einem Wohnwagen, der kleiner war als die der anderen Artisten. Mich packte die Sehnsucht: Ich gehe weg von daheim, gehe mit dem Liliputaner auf Reisen – dann sind meine ganzen Probleme gelöst. Ein Traum. Die kleinen Menschen haben mich einfach fasziniert. Sie waren in meiner Größe, und ich habe gedacht: Wenn das ein fahrendes Volk ist, dann können die mich auch mitnehmen. Wenn ich ihnen erzähle, dass ich nicht mehr hören will, was ich alles nicht darf, dann nehmen sie mich einfach mit.

Das war keine Flucht von zu Hause, sondern ich wollte den ganzen Zwängen entkommen, die es für uns Juden gab.

Ich ging spontan zu dem besagten Wohnwagen und fragte die Liliputanerin, ob ich mitreisen dürfe. Die lächelte. „Das wird wohl nicht gehen." „Aber kann ich mir wenigsten den Wagen mal anschauen."

Die ließ mich rein. „Ich muss allerdings noch was erledigen, warte hier auf mich!"

Ich war außer mir vor Freude. Alles war so, wie ich es mir vorgestellt hatte. Tische Stühle, Sofa – in meiner Größe. Wie für mich gemacht.

Hella, die Petze, verriet mich bei meinen Eltern. Da wurde ich von meinem Vater zurückgeholt, aus dem Wagen rausgeholt und bekam eine ordentliche Tracht Prügel – zum ersten und zum letzten Mal. Im Nachhinein denke ich, dass er das aus Angst getan hat, denn zu diesem Zeitpunkt war mir wohl immer noch nicht bewusst, in welch gefährlicher und mörderischer Zeit ich lebte.

Emigriert und deportiert

Den übrigen Familienmitgliedern war das schon Jahre zuvor klar geworden. Und sie wollten als erstes Tante Fanny, Vaters Schwester, retten. Sie, die Schneiderin gelernt hatte und für uns Kinder Kleidchen und anderes nähte, war hochgradig gefährdet. „Volljüdin" und behindert und nicht im Schutz einer „privilegierten Mischehe" – das war unter den Nazis lebensgefährlich! Das bedeutete, nach allem, was man seit der Machtergreifung über die „Endlösung" mitbekommen hatte, den sicheren Tod.

Meine Großeltern waren alarmiert. Sie wollten ihre Tochter, meine Tante Fanny, in Sicherheit bringen. Alle Ersparnisse wurden zusammengekratzt, Fanny konnte auswandern, entkam 1939 mit dem letzten Schiff nach Argentinien.

Oma und Opa schenkten ihr vorm Start ein wertvolles Schmuckstück – eine Gemme, die sie, falls sie jemals in Not geraten sollte, verkaufen sollte.

Das musste sie nicht. Sie hat einen Argentinier geheiratet und ging mit ihrem Mann 1948 in den neu gegründeten Staat Israel. Dort habe ich sie zweimal besucht – 1975 und 1976. Und Fanny schenkte mir die Gemme – als Andenken an meine Großeltern, die ich so sehr geliebt habe.

Die Erinnerungen an meine Großeltern sind mit die schönsten, aber auch mit die schmerzlichsten in meinem Leben. Ich erinnere mich gerne an die Zeit bei ihnen. Wir waren sehr oft dort: meine Schwester, mein

Cousin Heinz, ich. Wenn Oma gekocht hat – das war, auch für mich heute noch! – ein Traum. Wir waren dann in der Küche, durften vorab die Suppenknochen abnagen oder das Suppengrün naschen. Wenn es Streit um die Köstlichkeiten gab, sprach Oma ein Machtwort zu meinen Gunsten: „Entweder ihr teilt oder ihr kommt nur noch getrennt und einzeln zu mir!" Ich war ja schließlich so klein und musste einen Fußschemel nehmen, um an das Naschzeug zu kommen. Nach Omas Drohung wurden wir aber stets rasch wieder einig, denn das wollten wir ja nicht.

Bei Oma und Opa zu schlafen und zu übernachten – das war ein Märchen!

Das endete jäh und abrupt. Meine Großeltern verschwanden, als ich fünf Jahre alt war, von heute auf morgen. Sie wurden mit dem Transport XII/3 am 15./16. September 1942 von Frankfurt nach Theresienstadt deportiert.

Opa Hugo

Oma Paula

Sie hatten zuvor einen Einkaufsvertrag/Heimvertrag auf Lebenszeit für Unterkunft und Verpflegung in Theresienstadt in einem sogenannten Altersheim „abgeschlossen".

Welcher Zynismus! Unter diesem Vorwand hat man den Juden ihr Hab und Gut genommen.

Heimlich fotografiert: Deportationen von der Frankfurter Großmarkthalle nach Theresienstadt im September 1942. Mit dabei sind Ediths Großeltern Hugo und Paula Bär.

Und vorgeschoben war auch die Naziamtliche Begründung für die Deportation meiner Großeltern: ein angeblicher Verstoß gegen die Verordnung über die Anmeldung des Vermögens von Juden vom 26. April 1938. Das Ehepaar habe es unterlassen, bei der Anmeldung ein Grundpfandrecht auf ein Mietshaus in der Schweiz, in Zürich, anzugeben. Der bei der Versteigerung besagten Hauses erzielte Betrag von 2.402,88 Schweizer Franken wurde deshalb am 13. Juni 1940 auf Anordnung des Amtsgerichts Frankfurt eingezogen.

Meine Großeltern wurden am 15. September 1942 in das Ghetto Theresienstadt verschleppt, wo mein Opa nach den ersten drei Tagen starb.

Es war die dritte Deportation von Frankfurts Großmarkthalle ins KZ Theresienstadt. Im Zug waren 1378 Insassen – wie bei den beiden vorherigen Deportationen überwiegend ältere Menschen. Die waren gezwungen, sich zwei Tage zuvor in den „Gestapo-Haftstätten" Hermesweg 5–7 und Rechneigrabenstraße 18–20 zu sammeln. Unter ihnen auch 42 Kinder im Alter von zwölf Monaten bis 14 Jahren, die aus dem Kinderhaus der Weiblichen Fürsorge e. V., Hans-Thoma-Straße 24, kommen.

Der Zug erreicht das Ghetto am 16.September 1942. Aus diesem Transport werden im Laufe der kommenden zweieinhalb Jahre 326 Personen in Vernichtungslager verschleppt und umgebracht. 105 aus dem Transport erleben die Befreiung am 7./8. Mai 1945 – darunter auch meine Oma.

Ausgebombt

Ganz schlimm waren die Tage und Nächte, wenn die Bomben fielen.

Uns Juden und „Mischlingen", die wir den gelben Stern trugen, war ja der Zutritt zu Bunkern und öffentlichen Luftschutzräumen verwehrt. Wir wurden einfach weggeschickt. Unsereins wurde von Luftschutzübungen mit Deutschblütigen ausgeschlossen. Juden durften auch keine Luftschutzwarte werden – auch nicht die „Mischlinge."

Ediths Judenstern

Da meine Eltern arbeiten mussten, waren Hella und ich uns den ganzen Tag allein überlassen. Wir durften ja nicht in die Schule. Manchmal, wenn wieder Bombenalarm war, konnte meine Mutter, wenn die Zeit reichte und es nicht gleich Hauptalarm gab, schnell nach Hause kommen, denn der Juniorchef wusste, dass sie mit einem Juden verheiratet war. Er erlaubte es, denn er wusste: Wir waren allein. Und uns Juden war es ja verboten, die Bunker zu betreten.

Wenn die Eltern morgens fort sind, und es war Fliegeralarm und wir waren allein und sind in den Keller und wussten nicht, ob wir unsere Eltern abends wieder sehen oder ob sie sie abgeholt haben oder ob sie durch Bomben umgekommen sind – wenn SIE dann schließlich doch da waren, da war das wie HIMMELREICH!

Aber dann nachts aus dem Schlaf gerissen zu werden. Zu müde, um mich anzuziehen. Habe oft im Stehen geschlafen. Mama, Papa und Hella drängen: Schnell, schnell! Immer schnell anziehen! Ich war so müde. Manchmal war es mir scheißegal. Wenn die Bombe falle, dann falle se halt. Oft hat mir Hella den Mund zugehalten. „Ich schaff' das nicht. Ich schreie jetzt!“ „Bist Du still!“

Hella hat sich um mich, die „Klaa“, kümmern müssen. Mutter war arbeiten, Vater oft unterwegs. „Hier im Flur steht die Tasche: Papiere, Wecker, Jäckche mit Stern druff. Du nimmst die Klaa, die Schuh‘ an, es Jäckche an . . .“ Einmal schaffen wir es gerade noch zum Tiefbunker, nicht zu unserem Luftschutzkeller. Die lassen uns „Juddebälscher“ nicht rein. Zurück rennen durch die Friedberger Anlage. Ums Leben rennen – hätten es fast nicht geschafft. Erstens kann man als Kleine sowieso nicht so rennen, zum zweiten, weil die Hella der kleinen Edith in der Hast die Schuhe verkehrt herum angezogen hatte.

Und es musste ja auch immer schnell gehen, denn wenn die Bomben fielen und es keinen Voralarm sondern sofort Hauptalarm gab, blieb nicht viel Zeit, in den Keller zu gehen.

Und die vielen Fehlalarme – die machen alle ganz krank. Ich lese in einer Dokumentensammlung zum Bombenkrieg in Frankfurt eine Meldung des Polizeipräsidenten an die NSDAP-Gauleitung vom 24. Juli 1942: „Seit einigen Monaten beunruhigt der Feind nachts durch Störflüge, oftmals nur mit wenigen Maschinen die Einwohnerschaft des Warngebietes Frankfurt (Main).“ Es habe in „etlichen Fällen“ Fliegeralarm gegeben werden müssen, „oftmals auf ganz kurze Dauer, ohne dass der Gegner die Stadt überflog oder im Warngebiet irgendwelche Abwurfmittel absetzte.“ Der Fliegeralarm sei für die gesamte Bevölkerung „eine schwere Belastung“. Denn es müssten sämtliche 551.000 Einwohner „die Luftschutzräume“ aufsuchen; 110 Babys in den Säuglingsheimen, 5800 Erwachsene und Kinder in den Krankenhäusern,

650 Personen in den Altersheimen. Nachtschichtbetriebe, oftmals „kriegswichtig“, stellen die Arbeit ein.

Es regnet immer öfter Flugblätter mit einer „Botschaft des Oberbefehlshabers der britischen Kampfflugzeuge an das deutsche Volk“. Hella und ich können die ja nicht lesen – aber Mutti und Vati. Der Text muss ihnen sowohl als Todesdrohung als auch als Verheißung erscheinen, dass es bald aus ist mit dem Nazi-Horror: „Ist das Wetter gut, dann kommen wir bei Nacht. Schon jetzt fliegen tausend Bomber eine Stadt wie Köln an und zerstören innerhalb einer Stunde ein Drittel von ihr. (...) Ist der Himmel bewölkt, so kommen wir bei Tag und bomben eure Fabriken und Docks. (...) Wir kommen bei Tag und bei Nacht: kein Teil des Reiches ist sicher. (...) Was ihr bisher erlebt habt, wird nicht zu vergleichen sein mit dem was kommt: Bald werden wir jeden Tag und jede Nacht erscheinen, bei Regen, Sturm und Schnee – wir und die Amerikaner. (...) Ihr könnt uns nicht hindern, und ihr wisst das. Ihr habt keine Chance.„

Am 4. Oktober 1943 machen die Alliierten ernst. Um 21 Uhr heulen die Sirenen, warnen vor 400 bis 500 alliierten Flugzeugen, die den Frankfurtern einen zwei Stunden dauernden massiven Großangriff bescherten. Im Abstand von Sekunden detonierten 4000 schwere Sprengbomben, es regnete eine viertel Million Brandbomben und Tausende von Phosphorkanistern.

Am schwersten be- und getroffen waren die östlichen Stadtteile. Regelrecht plattgemacht wurden Friedberger Anlage, Obermainanlage, Tiergarten, Ostbahnhof, die Gegend nördlich und nordwestlich des Ostparks, die Hanauer Landstraße. 529 Menschen kamen in dieser Zone der Vernichtung um – darunter 90 Mädchen und Buben, 14 Schwestern, einige Hausangestellte und eine Ärztin aus dem Kinderkrankenhaus an der Gagernstraße, wo ich ja geboren bin. Sie hatten sich in den Luftschutzkeller geflüchtet und starben dort durch den Volltreffer einer Minenbombe.

Das Gagernkrankenhaus, in dem Edith zur Welt kam, wird bei einem Luftangriff am 4. Oktober 1943 schwer getroffen.

Eine Minenbombe detoniert im Luftschutzkeller des Gagernkrankenhauses. 90 Kinder werden getötet,

Am 18. März 1944 wird das Haus, in dem wir wohnten, die gesamte Ostendstraße und fast der ganze Rest von Frankfurt in Schutt und Asche gelegt. Etwa 1000 Bomber flogen einen Angriff von bisher nicht gekannter Wucht, der das Gebiet östlich des Hauptbahnhofs verwüstete und im Stadtkern horrende Schäden anrichtete. Mehr als 7000 Wohngebäude wurden zerstört oder schwer beschädigt, 421 Menschen starben, 55.500 wurden obdachlos.

Und wir waren unter den Trümmern verschüttet. Mit einem Nachbarn hat mein Vater versucht, aus dem Luftschutzkeller einen Weg nach draußen zu bahnen. In jedem Keller war ein Durchgang markiert, der eingeschlagen wurde, wenn – wie in diesem Fall – eine Notlage war, und die Nachbarn auch noch in unseren Keller kamen.

Beim Luftangriff am 18. März 1944, bei dem die Familie Bär im Ostend ausgebombt wurde, stand auch die Altstadt in Flammen – hier das Haus Fürsteneck.

Mit viel Kraft und Mühe schafften es die Männer. Da muss eine überirdische Macht geholfen haben, denn unter diesen Trümmern herausgekommen zu sein, ist unglaublich.

Als mein Vater einen Schritt in den Garten wagte, ging eine Brandbombe los. Es gab ein riesiges Gedränge, denn jeder wollte nur raus aus dem Gefängnis.

In dieser Zeit stand in jedem Keller eine große, mit Wasser gefüllte Waschbütt. Die lieferte Sauerstoff, denn wenn der Mörtel von den Wänden fiel, konnte man Waschlappen oder Taschentuch nass machen und vor Nase und Mund halten, um Luft zu kriegen. Ich glaube, es war meine Mutter, die mich davor bewahrte, in diese Bütt zu fallen, denn mein Vater erschrak, und ich war beim Hinaussteigen hinter ihm. Es hätte in der Panik keiner gemerkt, wenn ich hineingefallen wäre.

Draußen war die Ostendstraße ein Flammenmeer. Ich hatte Hausschuhe an, und meine Mutter versuchte, mich durch die Pfützen zu ziehen, damit die Schuhe keinen Funken annehmen sollten.

Es war ein Bild des Grauens. Menschen suchten ihre Angehörigen und Freunde. Manche schrien vor Schmerzen wegen ihrer Verbrennungen.

Wir waren ausgebombt. Wir fanden eine Unterkunft im Hermesweg in einem Keller. Wir wurden alle vier schwer krank.

Es ist merkwürdig und im Nachhinein auch vielleicht verständlich: Ich kann mich zwar an alles bis heute erinnern, nur die Zeit im Hermesweg ist aus meinem Gedächtnis gelöscht. Einfach weg!

Als Kinder schon erwachsen sein

Im Hermesweg wurden wir ein zweites Mal ausgebombt. Leo Sundheimer, ein Freund meines Vaters, verhalf uns zu zwei kleinen Mansarden in der Uhlandstraße 60.

Nach der Arbeit ging meine Mutti oft zur Ostendstraße, die ja nicht weit von der Uhlandstraße entfernt ist, um in den Trümmern unseres alten Hauses nach brauchbaren Sachen zu suchen. Sie fand – oh Wunder – einen Fleischwolf, den sie – auch als Andenken an die schlimme Zeit – noch viele, viele Jahre in Gebrauch hatte.

Ich als Kind suchte bei den Trümmergängen mit meiner Mutter meinen Teddy, den ich über alles liebte. Ich spielte lieber mit ihm als mit den echten Käthe-Kruse-Puppen, die Hella und ich von den Großeltern geschenkt bekommen hatten. Beide sind kaputt gegangen: Hellas Puppe wurde im Hof in der Ostendstraße zerstört, als ein Fensterschutz aus gepresstem Stroh darauf fiel; meine Käthe-Kruse-Puppe ging bei einem Bombenangriff kaputt. Mein Teddy ist ebenfalls verbrannt – und dieser Verlust machte mich trauriger als der der Puppe.

Erst nachdemdem wir als Ausgebombte in der Uhlandstraße gelandet waren, wurde ich mir – als Siebenjährige! – so richtig der Gefahren bewusst, in welchen wir uns befanden. Ich bekam ja nun doch, als neugieriges Kind, einige Gesprächsfetzen der Erwachsenen mit: „Arbeitslager“, „Abreise der

Tante", „das ungewisse Schicksal der Großeltern". Dazu kamen auch noch – furchtbar für mich – die ständigen Verhaltensregeln der Eltern: „Macht dies nicht!", „Passt auf!" „Fallt nicht auf!" „Vergesst den Stern nicht!" Und Hella musste immerzu auf mich achtgeben: „Pass Du auf die Kleine auf!"

Hella, die „Große", und Edith, die „Klaa"

Wer Geschwister hat, weiß, was das bedeutet. Mir passte das überhaupt nicht, da ich sehr freiheitsliebend war und bin. Hella war zu dieser Zeit so etwas wie meine Mutter. Sie machte den Haushalt, übersauber, alles korrekt. Ich aber war nicht immer dazu bereit, so ordentlich zu sein. So gab es oft Streit, und ich hatte schon eine ausgeprägte Stimme, wenn Hella mich maßregelte. Die Nachbarn sagten dann zu meiner Mutter, wenn diese von der Arbeit nach Hause kam: Die Kleine hat wieder geschrien. Es war zu jener Zeit für die elfjährige Hella zweifellos eine überaus große Überforderung.

Wir saßen ja auch immer auf gepackten Taschen mit Papieren. Das war schlimm und notwendig, denn bei Bombenangriffen tagsüber mussten wir allein runter vom 5. Stock in den Luftschutzkeller, denn die Eltern waren ja im Arbeitsdienst.

Wir waren unterernährt – Lebensmittel auf Karten waren geringer kontingentiert als bei der übrigen Bevölkerung. Nur manchmal brachte mein Vater vom Arbeitsdienst eine kleine Schüssel Suppe mit einer Wurst mit. Eine Kostbarkeit – die wurde zu viert geteilt.

Aber die Zeit war nun damals so. Wir mussten als Kinder eben damals schon erwachsen sein. Zu anderen Kindern hatten wir keinen Kontakt mehr, denn nur wenn es sich partout nicht mehr vermeiden ließ, durften wir die Mansarde verlassen.

An eine Situation aber erinnere ich mich noch ganz genau, als wenn es gestern gewesen wäre. Mein Vater hatte uns einen Schlitten gebaut – aus Resten der Särge. Es war bitterkalter Winter und wir kriegten ja kein Brennmaterial. Hella und ich wussten aber, dass auf der Honsellbrücke an der Hanauer Landstraße eine Kohlenhandlung war – vier Straßenbahnhaltestellen von uns entfernt. Wenn wir zu den Kohlen gelaufen sind – mit der Straßenbahn durften wir ja nicht fahren, außerdem hatten wir ja kein Geld – haben wir einfach den Judenstern in die Tasche gesteckt. Den Mut dazu hätte ich heute nicht mehr. Wir wussten damals schon, dass wir den Stern nicht von unseren Mänteln entfernen durften, das hatte uns die Mutter immer wieder gesagt. Wenn wir einmal rausgingen, dann hieß es immer, dass wir vorsichtig sein sollten. Aber wir gingen zu diesem Zeitpunkt nicht mehr so oft raus, so einfach spazieren gingen wir nicht.

Einige Kohlefahrer kannten uns schon. Manche fuhren etwas schneller mit Schwung aus der Kurve, es fielen Kohlen von der Ladefläche runter, die konnten wir aufsammeln. Erst kleine, wenn wir größere fanden, sortierten wir die kleineren aus, denn wir mussten sie ja nach Hause ziehen und in den 5. Stock tragen. Die Kohlen stehen lassen, wäre nicht möglich gewesen, denn die wären gestohlen worden.

Eines Tages beobachtete uns ja auch ein Mann, der uns die mühsam gesammelten Kohlen abnehmen wollte. Wer es war, wussten wir nicht. Es konnte jemand sein, der wie wir Not litt, oder es konnte ein Gestapo-Mann in Zivil sein. Einer der Fahrer beobachtete die Szene. Er schrie den Mann an, er solle uns in Ruhe lassen. „Und wenn die Mädchen morgen nicht wieder hier sind und ich erwische sie, dann schmeiße ich Sie von der Brücke!"

Die Männer wussten schon genau, wer wir waren, denn normalerweise waren Kinder in unserem Alter zu dieser Zeit in der Schule. Also mussten wir jüdische Kinder sein. In was für eine Gefahr sich diese Männer begeben haben! Die hatten doch auch Familie – Frauen, Kinder, Eltern, Geschwister! Das wurde mir alles erst als Erwachsene bewusst.

Für mich sind das meine stillen Helden!

Und dieser mein Held, der Lkw-Fahrer, war ein selbstloser Mann. Er hat nicht lange überlegt, in welche Gefahr er sich begibt. Er half uns, ohne genau zu wissen, wer der Mann war, der uns beschimpfte. Der konnte von der SS sein oder von der Gestapo, die nicht immer in Uniform herumliefen. Der Mann hat für Hella und mich sein Leben riskiert.

Kapitel 3

„Hebt die zwei Mädchen nochmal hoch!"
14.–18. Februar 1945: Deportation

Anfang Februar 1945 bekam mein Vater ein Schreiben vom „Vertrauensmann der Reichsvereinigung Juden in Deutschland". Inhalt dieses – so hieß das wirklich – EINFINDUNGSBESCHEIDS: „Alle in Mischehe lebenden Juden/Jüdinnen – auch Geltungsjuden – kommen nach außerhalb." Er wurde aufgefordert, sich mit mir, seiner siebenjährigen Tochter Edith Sara Bär, zum Abtransport einzufinden, und zwar am Mittwoch, „14. Februar 1945 pünktlich um 14.00 Uhr am Ostbahnhof auf dem Gelände vor der Großmarkthalle (Ostseite)". Mitzubringen für vier bis fünf Tage seien „Essen – Arbeitskleidung – Zahn- und Schuhbürste – Essgeschirr und Besteck – festes Schuhwerk".

In dem Schreiben stand nicht, wohin die Fahrt gehen sollte.

Mein Vater saß am Tisch und weinte. Das sah ich in all der Zeit das erste Mal. Ich sehe heute noch meine Mutter, wie sie meinen Vater tröstete und sagte: „Wir schaffen das! Du hast doch eine Familie!"

Zwei Tage später kam das gleiche Schreiben für meine Schwester „Frl. Hella Sara Bär" – sie war damals elf(!) Jahre jung! Es waren die gleichen Textbausteine. „Gepäck kann in üblichem Umfange mitgenommen werden", hieß es da, „an Arbeitskleidung ist nach Möglichkeit festes Schuhwerk, warme Unterwäsche, Strümpfe usw., ausserdem Rasierzeug (sic!), Essgeschirr, Essbesteck, Zahn- und Schuhbürste mitzubringen. Die Reisedauer kann 3 Tage in Anspruch nehmen. Sie wollen sich deshalb mit ausreichendem Essen für 4–5 Tage versehen." Zum Schluss die Drohung: „Nichterscheinen zur angegebenen Zeit wird mit strengsten staatspolizeilichen Maßnahmen geahndet."

Der Teilsatz „zum geschlossenen Arbeitseinsatz" war durchgestrichen, vermutlich weil viele der Deportierten Kinder sind.

Unten stand: „Diese Aufforderung ist nicht als eine der früher üblichen Evakuierungen zu betrachten." Was im Umkehrschluss wohl suggerieren sollte: Es geht zu einem Arbeitseinsatz „außerhalb" von Frankfurt.

Das hat wohl keiner der Betroffenen geglaubt – und mein Vater schon mal gar nicht. Er hat zwar mit uns nie darüber gesprochen, aber in seinem Nachlass – er ist 1987 gestorben – fanden wir die Kopie eines Vernehmungsprotokolls vom 10. Oktober 1966. Da war Norbert Bär, mein Vater, von Staatsanwalt Wagner und Kriminalobermeister Korndörfer als Zeuge

Frankfurt/Main, den 8.Februar 1945.

Herrn
Frau
Frl. Hella Sara B ä r

Frankfurt /Main.
Uhlandstrasse 60

Alle in Mischehe lebenden Juden/Jüdinnen - auch Geltungsjuden kommen [illegible] nach ausserhalb.
Sie werden hierdurch aufgefordert sich am

Mittwoch, den 14.2.1945, nachmittags 14 Uhr,

pünktlich am Ostbahnhof, auf dem Gelände vor der Großmarkthalle (Ostseite) einzufinden.
Gepäck kann in üblichem Umfange mitgenommen werden.
An Arbeitskleidung ist nach Möglichkeit festes Schuhwerk, warme Unterwäsche, Strümpfe usw., ausserdem Rasierzeug, Essgeschirr, Essbesteck, Zahn- und Schuhbürste mitzubringen. Die Reisedauer kann 3 Tage in Anspruch nehmen. Sie wollen sich deshalb mit ausreichendem Essen für 4 - 5 Tage versehen.
Eine Abmedlung beim zuständigen Ernährungsamt hat zu erfolgen. Vermögensfragen werden nicht berührt. Es wird jedoch in manchen Fällen empfehlenswert sein, etwa erforderliche Bestimmungen, wie Vollmachtserteilungen usw. selbst zu treffen.
Nichterscheinen zur angegebenen Zeit wird mit strengsten staatspolizeilichen Massnahmen geahndet.

Der Vertrauensmann
der Reichsvereinigung der Juden
in Deutschland

Diese Aufforderung ist nicht als eine der früher üblichen Evakuierungen zu betrachten.
Sie ist gut aufzubewahren und als Ausweis, dass Sie im Arbeitseinsatz stehen, gegebenenfalls am Bestimmungsort vorzulegen.

im Ermittlungsverfahren gegen Ernst Holland, von 1940 bis 1943 „Beauftragter der Geheimen Staatspolizei für die Jüdische Wohlfahrtspflege“ in Frankfurt, befragt worden. Er machte damals folgende Aussage: „Bei der Abfahrt war das Schicksal und das Ziel des Transports völlig unbekannt. Nur ich hatte erfahren, dass wir nach Theresienstadt kommen sollten. Das hatte man meiner Frau unter dem Siegel der Verschwiegenheit mitgeteilt, als sie bei der Reichsvereinigung darum gebeten hatte, mich in Frankfurt zu lassen. Man hatte ihr damals gesagt, sie brauche sich keine Sorgen zu machen, der Transport ginge nach Theresienstadt.“

Das war für Vater natürlich alles andere als beruhigend. Zitat aus der Zeugenaussage: „Bei der Jüdischen Gemeinde habe ich natürlich von Deportationen erfahren, die ab 1941 in Frankfurt erfolgt sind. Über das Schicksal der Deportierten ist damals jedoch so gut wie nichts bekannt geworden. Man hörte zwar in Form von Gerüchten, daß viele der Deportierten umgekommen seien, aber es war schwer zu entscheiden, inwieweit diese Gerüchte ernst zu nehmen waren. Es bestand für die Deportierten eine völlige Nachrichtensperre. Meine Eltern sind im September 1942 nach Theresienstadt gekommen. Ein halbes Jahr danach traf die erste und einzige Postkarte meiner Mutter ein. Darin teilte sie in versteckter Form mit, dass mein Vater inzwischen verstorben war.“

Was mich heute noch bei der Lektüre des Protokolls verwundert, ist der dürre Nachrichtenton, in dem mein Vater diese schlimme Zeit und die schrecklichen Ereignisse herunterzuspielen scheint. Seine Aussage, dass es „schwer zu entscheiden“ war, „inwieweit diese Gerüchte ernst zu nehmen waren“, kann ich mir bis heute nicht erklären.

Vielleicht hat es damit zu tun, dass nach dem Krieg die Frankfurter Deportationen kaum eine Rolle bei der Justiz gespielt haben, denn fast alle Verfahren gegen die damals Verantwortlichen sind in den 1950er- und 1960er-Jahren eingestellt worden. Systematische historische Forschungen zum Thema Deportationen begannen erst Mitte der 1980er-Jahre und kamen erst 2004 mit der Ausstellung „Und keiner hat Kaddisch für uns gesagt“ zu einer Art Abschluss.

Ähnliche „Verspätungen“ galten fürs öffentliche Gedenken in Frankfurt. Es gilt, was Georg Heuberger und Fritz Backhaus, die beiden Projektleiter der besagten „Kaddisch“-Ausstellung, im Katalog- und Dokumentenband bilanzierten: „In der Erinnerung an die Verbrechen des Nationalsozialismus haben die Deportationen (...) lange Zeit kaum eine Rolle gespielt. Im Vordergrund des Gedenkens stand eher der 9. November 1938, während der vor aller Augen vorgeführte Abtransport aus der Mitte städtischer Gesellschaften sehr viel weniger Aufmerksamkeit fand. Ein Grund hierfür war, dass kaum einer der Deportierten überlebt hatte und sich die Zeitgenossen aus Scham oder Schuldgefühl lieber nicht an das erinnern wollten, was sich in ihrer Mitte abgespielt hatte. Viele hatten auch daran partizipiert und zum Beispiel äußerst günstig Mobiliar und anderen Besitz der Verschleppten ersteigert."

Häscher und Räuber

Neun Tage vor meinem vierten Geburtstag, am 19. Oktober 1941, erleben die Frankfurter die erste große Deportation ihrer jüdischen Nachbarn. Meine Eltern haben nie davon gesprochen, wie sie das erlebt haben: dass sich viele, viele „Arier" ein Sonntagsvergnügen daraus machten, die Austreibung von 1.180 Juden zu begaffen, sie zu bespucken, zu beschimpfen und mit faulem Gemüse zu bewerfen. Die Zaungäste stehen entlang des Wegs, vornehmlich am Anlagenring. Zeitzeugin Lina Katz, eine Angestellte der Jüdischen Gemeinde, die auch meinen Vater Norbert Bär gut kannte: „(...) morgens um 7 Uhr wurden die 1200 auf der Liste befindlichen Juden von SA-Leuten aus ihrer Wohnung geholt. Sie bekamen etwas Zeit, unter Aufsicht einige Sachen einzupacken, und wurden dann geschlossen durch die Stadt zu Fuß zur Großmarkthalle geführt. (...) Der Zug ging durch die Stadt am hellen Tage. Rechts und links standen die Menschen und sahen sich (...) im dichten Spalier den Zug an."

Cläre von Mettenheim, die als Jüdin in einer „privilegierten Mischehe" (wie meine Eltern) lebte und sechs „Mischlings"-Kinder zur Welt brachte, ist ebenfalls Zeugin. Sie berichtet in einem Brief am 5. November: „Am Morgen kam alles viel schlimmer, als es die Gerüchte wissen wollten. Wahllos wurden etwa 1200 Juden (natürlich auch getaufte) vom kleinen Baby bis zur alten weißhaarigen Großmutter, von eins bis 80 Jahren (...) mitgenommen. Wohnungen waren ihnen ja vorher gekündigt worden, seit Wochen und Monaten suchten sie, wurden umhergejagt. (...) Stunden um Stunden standen die Familien da. Jeder hatte ein Pappdeckelschild umgehängt (wie ein Schandbild aus dem Mittelalter), das Gepäck in der Hand, den Rucksack auf dem Rücken. Szenen, die sich nie vergessen lassen werden: eine feine, alte, schmale, blasse Dame, Persianermantel, ein großes Schild unter dem Kinn. Als sie es tiefer hängen wollte, riefen die Umstehenden: „Der Stern! Der Stern!" – Den zu verdecken bedeutete ja schwere Strafe. Ein alter schwacher Mann mußte vor dem kraftstrotzenden SS-Mann Laufschritt üben – weil es dem nicht schnell genug ging! (...) Den ganzen Tag über dauerte das Warten,

Packen, Warten – bis sie dann alle gesammelt in den Keller der Markthalle kamen. Unterwegs und dort viele Todesfälle: vor Aufregung, Überanstrengung und natürlich ungezählte Selbstmorde jeder Art. Im Main wurden am nächsten Tag viele geländet. In der Markthalle dann: Ausziehen! Leibesvisitation. 100 Reichsmark durften sie mitnehmen, davon mussten sie 90 Mark für die Reise abgeben. Pelzmäntel wurden ihnen, nachdem sie vorher erlaubt gewesen waren, abgenommen."

Damit nicht genug. Zeitzeugin Cläre von Mettenheim: „Die Zimmer, respektive Wohnungen wurden versiegelt. Das ganze Besitztum: Möbel, Wäsche usw. wurde, nachdem sich die Gestapo-Männer genommen hatten, was sie für ihren Bedarf brauchen konnten, versteigert. Es ist eine solche zum Himmel schreiende Grausamkeit, eine Gemeinheit, ein Sumpf. Die Hiergebliebenen leben nun in Angst und Unsicherheit: Wann steht der Häscher vor uns?"

Die Häscher kamen immer wieder. Zwischen 1941 und Oktober 1944 werden insgesamt 10.000 Juden aus Frankfurt von der Großmarkthalle aus in Lager und Ghettos verschleppt: Lodz, Minsk, Kowno, Majdanek, Theresienstadt. Deren Vermögen und Besitz fällt an den Staat. In Frankfurt finden rund 15.000 (!) öffentliche (!) Versteigerungen dieses Raubguts statt. Die nationalsozialistische Volkswohlfahrt greift sich die Lebensmittelvorräte.

Meine Eltern kriegen das alles live mit. Die Judenhäuser in unserem Viertel leeren sich – die Trecks zur Großmarkthalle führen durch unsere Straßen.

Es gibt immer weniger Juden in Frankfurt: 1940, als ich drei war, waren es 11.500 – das Gros bei uns im Ostend. 11.000 von ihnen sind bis 1943 deportiert, vertrieben, verjagt und in Lagern umgebracht worden.

Und von 1944 an ging es auch gegen uns „Mischlinge" und die jüdischen Partner in „privilegierten Mischehen".

Frankfurt „judenrein" machen

Der Tag des Abtransports, der 14. Februar 1945, war der Geburtstag unseres Cousins Heinz. Er ist an diesem Tag 15 Jahre alt geworden – und er wurde mit uns verschleppt.

Am Vorabend war Dresden zu Schutt und Asche gebombt worden. Und noch einmal tags zuvor – am 12. Februar – hatten sich Roosevelt, Stalin und

Churchill bei der Jalta-Konferenz auf die Aufteilung Deutschlands „nach dem Krieg“ geeinigt. Das wussten und kannten nicht nur die Nazis.

Es musste auch mittlerweile dem letzten klar gewesen sein, dass es eigentlich „aus“ war. Nicht nur, dass die Amerikaner kurz davor waren, das Rheinland und das Ruhrgebiet zu erobern und auf Frankfurt vorzurücken (am 29. März waren sie dann auch hier!) – im Osten hatte die Rote Armee in der zweiten Januarhälfte Ostpreußen, Ost-Brandenburg und Schlesien eingenommen und sich die Wege ins Sudetenland und Böhmen freigekämpft. Es war an diesem 14. Februar nur eine Sache von Wochen, bis sie Theresienstadt befreien würden.

Majdanek und das Ghetto Lodz waren ja bereits Ende Juli 1944 befreit, Auschwitz im Januar 1945 aufgelöst worden. Und in diesem Januar 1945 hatte Heinrich Himmler den Befehl zur „Evakuierung“ sämtlicher Lager im Osten gegeben – worauf die Todesmärsche erfolgten. Wohlgemerkt: Diese Order erging nur ein paar Wochen bevor wir zwei Kinder zusammen mit unserem Vater und unserem Cousin doch noch nach Theresienstadt verfrachtet wurden.

Es ist eigentlich unfassbar. Die Frankfurter Gestapo tat alles, aber auch alles, um die Stadt noch in allerletzter Sekunde – wie es damals hieß – „judenrein“ zu machen. Sie tat sich reichsweit in der Verfolgung von „Mischehepartnern“ besonders hervor. So ist es belegt, dass in Frankfurt bereits Mischehen auf jede erdenkliche schikanöse Weise „getrennt“ wurden, während in Berlin Juden noch in Freiheit waren. Das gab sogar der SS-Untersturmführer Heinrich Baab, Leiter des Frankfurter Judenreferats 1942/1943, in seinem Prozess zu: Ja, die Frankfurter Gestapo habe in der Frage der Deportationen einen eigenen, harschen, brutalen Kurs verfolgt, was der Initiative des Gauleiters Jakob Sprenger geschuldet gewesen sei, der seinen Gau möglichst schnell „judenfrei“ haben wollte.

Und wegen dieses antisemitischen Ehrgeizes, über den Gestapo-Leute im Rest von Deutschland nur den Kopf schüttelten, wurden Papa, Hella und ich am 14. Februar 1945 noch in den Viehwaggon getrieben und nach Theresienstadt verfrachtet, wo wir am 18. Februar wieder ausgeladen wurden.

Und während wir noch auf der Strecke waren, unser Zug noch unterwegs war, wurde am 16. Februar 1945 denen, die uns auf diese mörderische Reise geschickt hatten, ein Gestapo-Befehl in Sachen „Behandlung von Entjudungsakten“ übermittelt. Zitat: „Wenn der Abtransport (...) nicht möglich ist, sind diese zu vernichten, damit sie nicht dem Feind in die

Hände fallen.“ Auch diese Order befolgten die Frankfurter Juden-Jäger strikt. Als sich Mitte März das Ende des Dritten Reiches in Frankfurt ankündigte, verbrannte die Gestapo tagelang zehntausende Akten und alle sie belastenden Dokumente im Hof des Gestapogebäudes. Die dunkle Rauchsäule sah man im ganzen Westend.

Als Beweismittel vernichtet wurden wohl auch die Unterlagen zu „unserem“ Transport, dem mit der Nummer XII/10 am 14. Februar 1945 ...

Im Viehwaggon

Aber ***ich*** erinnere mich noch gut. Ich werde diesen Tag nie vergessen – und es gab und gibt keinen Tag, an dem ich nicht daran denke.

Die Uhlandstraße war voller Menschen – mit allen Gepäckstücken, die noch verblieben waren.

Der Weg zu den Viehwaggons, die schon am Ostbahnhof standen. Rechts und links die SS mit Gewehren, wie sie sich so gern haben fotografieren lassen. Ich war an der Hand meiner Mutter. Es war wie ein Trauerzug. Ich habe die Menschen leise weinen hören, und nur die Stiefel von der SS habe ich gehört auf dem Kopfsteinpflaster. Es war grausam.

Es gibt kein Foto von der Deportation – soviel ich weiß von überhaupt keiner der Frankfurter Deportationen. Die Straße war schwarz von Menschen. Aus den Fenstern haben die auch geguckt. Wir wurden bespuckt. Es gab Rufe: „Wir sind froh, dass ihr endlich wegkommt!“

Meine Mutter sagte uns erst am Tag der Deportation, dass sie nicht mitkommen durfte. Sie begleitete uns, bis wir im Viehwaggon waren. Sie wollte freiwillig mit uns gehen. Das durfte sie nicht. Alles musste sie zusammen mit uns in Frankfurt am Main ertragen – nur nach Theresienstadt, da durfte sie nicht mit. Unglaublich!

Den ganzen Weg bin ich an ihrer Hand gegangen. Ich habe nicht rechts und links geguckt, bin über meine Füße gestolpert, habe immer nur das Gesicht von Mutti angeschaut, damit ich es nicht vergesse. Ja, wir sind dann da runter, das ging eigentlich ziemlich schnell. Die Waggons standen ja schon bereit. Und es ging ratzfatz in die Waggons rein. Ohne Stroh ohne alles. Wenn man Vieh heute so transportieren würde, wäre der Tierschutzverband da. Aber für uns Juden war es gut genug.

Ich habe die Riegel zuschlagen hören. Als sich die Schiebetüren schon geschlossen hatten, wurden sie noch einmal geöffnet. Einer der SS-Männer rief: „Hebt die zwei Mädchen nochmal hoch! Ihre Mutter will sie noch einmal sehen!“ Da sah ich meine Mutter weinen. Sie war hochschwanger, und Vater, Hella und ich machten uns wahnsinnige Sorgen, ob sie das alles gesundheitlich durchsteht.

Forschungen von Monica Kingreen, Adolf Diamant und Alfred Gottwaldt haben ergeben, dass bei diesem unserem Transport XII/10 aus dem Gestapobereich Frankfurt/Darmstadt/Koblenz „ab Ostbahnhof“ 302 Menschen verschleppt worden sind. Aus Frankfurt allein wurden 191 Menschen deportiert: 159 jüdische „Mischehepartner“ und 32 Geltungsjuden, meist Kinder. Des weiteren kamen 25 Menschen aus Wiesbaden, 8 aus Darmstadt, 60 aus hessisch-nassauischen Orten, 18 aus dem Bereich Koblenz. Transportführer ist der Gemeindebedienstete Emil Schott von der Jüdischen Gemeinde, der schon in den Jahren zuvor vielen Deportierten die Benachrichtigung über den Transport bringen musste.

Auf dem Weg nach Theresienstadt sind an den Frankfurter Zug ein Sammeltransport aus dem Rhein- und Ruhrgebiet sowie einer aus dem Raum Leipzig/Halle angekoppelt worden, so dass in Theresienstadt schließlich 616 Menschen ankamen. Eine Namensliste dieser 616 befindet sich in Yad Vashem.

Von den Ankoppelmanövern habe ich bewusst nichts mitgekriegt. Da war halt nur ein Rumpeln, Scheppern, Krachen, Quietschen, Ruckeln. Es gab auch etliche Stopps auf freier Strecke und stundenlange Aufenthalte in irgendwelchen Bahnhöfen. Die Fahrt dauerte denn auch vier Tage (bis zum 18. Februar), und das war in der Tat länger als vorgesehen. Adolf Diamants Recherchen zufolge lag das daran, weil „die Bahngeleise durch Kriegshandlungen teilweise gesperrt waren“.

Ich weiß nicht mehr, wie viele Menschen mit uns im Waggon waren – 30 oder 40? Bis zu 70 Personen, heißt es. Es war fürchterlich eng, dunkel und kalt. Nur ein kleines Fenster. Man konnte während der Fahrt durch die Holzbohlen die Erde sehen. Eisige Temperaturen. Keine Decken.

Wir mussten im Zug essen, schlafen und unsere Notdurft verrichten. Waschen und sonstiges unmöglich. So dürfte heutzutage Vieh nicht mehr transportiert werden, aber für uns Juden war das gut genug.

Der Zug hielt einmal während der Fahrt, da musste alles raus aus den Waggons. Diejenigen, die bis dahin die Fahrt nicht überlebt hatten, wurden auf dem Feld entsorgt. Einfach liegen gelassen. Wir anderen mussten wieder in die Waggons. Die Fahrt wurde fortgesetzt.

Postkarten von unterwegs

Wir durften ja nun nichts Besonderes mitnehmen. Obwohl das brandgefährlich war, hat es mein Vater geschafft, ein Bild meiner Mutter, wo wir zu dritt drauf sind, einen Bleistift, einen Tintenschreiber und mindestens neun bereits frankierte und adressierte Postkarten sowie eine Uhr in den Zug zu schmuggeln. Vielleicht hatte er sogar eine Reichsbahn-Streckenkarte dabei, denn er zeigte sich stets exakt informiert, wo der Zug gerade hielt und wohin er fuhr. Wie ihm das gelungen ist, bleibt sein Geheimnis. Das ist mir bis heute ein Rätsel. Mein Papa hat das mit ins Grab genommen. Ich bin ihm nicht böse, aber ich hätte schon gerne gewusst, wie er das gemacht hat.

Dieses Foto schmuggelte Vater Norbert Bär in den Deportationszug. Es zeigt (v. l.): Edith, Susanna und Hella Bär

Die Postkarten hat mein Vater – akribisch wie er war – mit Datum und Uhrzeit versehen und dann aus dem kleinen Fenster geworfen. Einige Male ließ er Hella, die – im Gegensatz zu mir – ja schon ein wenig schreiben konnte, Grüße von uns Kindern draufsetzen. Und, oh Wunder, acht dieser Karten kamen – gestempelt! – bei meiner Mutter an. Es ist erstaunlich: Es muss da Menschen gegeben haben, die diese Karten fanden, sie in einen Briefkasten warfen und sie so zu Mutti nach Hause in die Uhlandstraße schickten. Die waren sich der Tragweite bewusst, woher die Karten kamen.

Für mich meine stillen Helden!

Ich habe die Karten noch heute im Original. Wenn man sie liest, dann kann man kaum glauben, dass wir auf dem Weg in ein Konzentrationslager waren. Sie sind mit soviel Liebe und Zuversicht geschrieben. Auf jeder steht: Es geht uns gut. Und er, Hella und ich – wir grüßen und küssen „1000mal“ unsere „liebe und gute Mutti“. Sie soll durchhalten! „Sei eisern!“, „Sei tapfer!“, „Sei stark – wir brauchen Dich noch“ und „Auf Wiedersehen!“ Unglaublich, eine solche Einstellung und Hoffnung in dieser Zeit!

Meine Mutter war über unsere Reiseroute informiert. Am 15. Februar erhielt sie zwei Postkarten. Die erste meldet: „(...) haben wir die erste Nacht im Waggon glücklich überstanden und stehen auf der Strecke Eisenach–Erfurt. Wie es weiter geht und wohin weiß ich nicht. Wir haben alle nur wenig geschlafen. Es wird schon wieder Abgehängt! . . .“ Die zweite Karte des Tages, abgestempelt in Reichenbach, kündet im Telegrammstil vom Fortkommen: „Nach zweistündigem Alarm in Erfurt geht die Reise mit Schnellzuggeschwindigkeit weiter (...) Eben geht es weiter. 6.30 Uhr Leipzig.“

„2. Nacht gut überstanden . . . Kinder in Ordnung“, beginnt die erste von vier Karten, die unser Vater am 16. Februar auf den Weg bringen konnte. „8.30 Uhr wir sind noch in Reichenau, haben uns eben gewa-

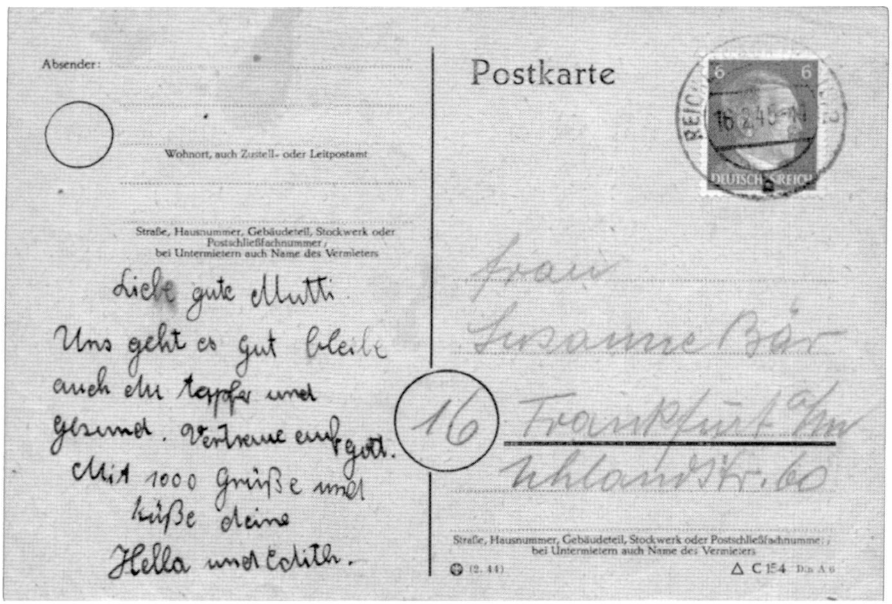

Die dritte von vier Postkarten an die „liebe gute Mutti“, die Norbert und Hella Bär am 16. Februar 1945 aus dem Viehwaggon warfen – und die auch in Frankfurt ankamen.

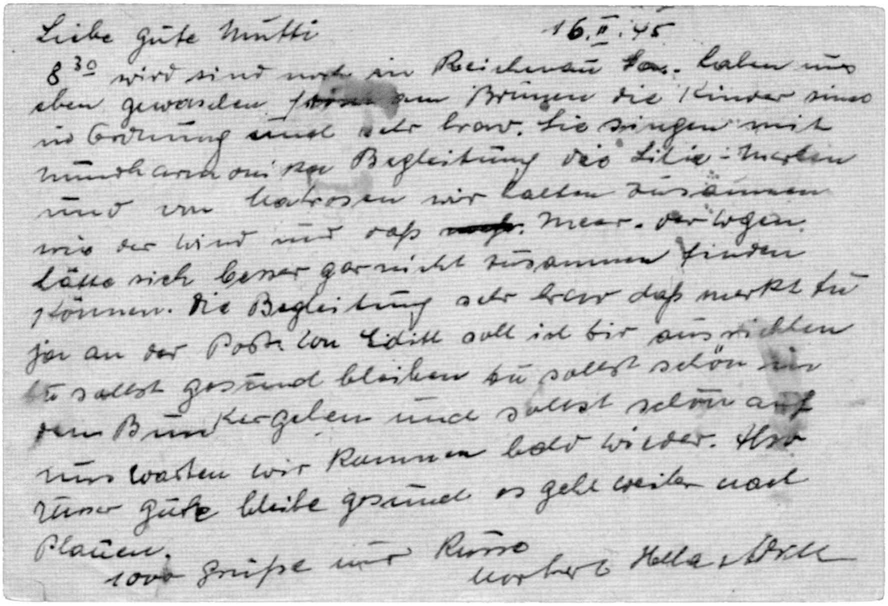

schen“, heißt es auf Karte Numero zwei. Vater beschwört die hochschwangere Mutti, in Frankfurt auf sich zu achten, „in den Bunker zu gehen und schön auf uns zu warten. Wir kommen bald wieder (...) Es geht weiter nach Plauen“. Hella schreibt unseren Kindergruß dazu: „Liebe gute Mutti, uns geht es gut. Bleibe auch du tapfer und gesund. Vertrau auf Gott. Mit 1000 Grüßen und Küßen, deine Hella und Edith.“ Vater sekundiert sozusagen mit der dritten Karte („auf dem Weg nach Eger“): „Sei tapfer und stark, wir wollen uns wiedersehen.“

Die vierte und letzte Karte an diesem 16. Februar beschreibt Hella nahezu alleine. „Wir haben die Fahrt soweit gut überstanden und sind bald in unserer neuen Heimat. Wenn man hier aus dem Zugfenster hinaus schaut, sieht man bloß Berge, Wälder und Felder, das ist sehr schön. Hier im Böhmerwalde liegt noch viel Schnee (...) Liebe Mutti sei nicht bekümmert, uns geht es gut. Es ist auch nicht kalt im Zug.“

Die beiden letzten Karten sind am Samstag, 17. Februar, geschrieben, aber in Frankfurt abgestempelt worden. Offenbar hat sie jemand vom Zugpersonal (?) gefunden und nach Frankfurt mitgenommen und dort in einen Briefkasten gesteckt. Thema ist die nun schon doch recht lang dauernde Fahrt. Standortmeldungen sind „Aussig“ und „Bodenbach“. Klage: „Es verlängert sich . . . es wird Sonntag, bis wir in Th. sind“. Aber auch: „Es wird schon alles gut werden“.

Und es fand sich zudem noch in unseren Familienpapieren eine undatierte und frankierte, aber nicht abgestempelte Postkarte, die aus dem Lager herausgeschmuggelt worden sein könnte. Der Text, hastig mit Bleistift gekritzelt: „Wir sind gut unter – mache Dir keine Sorgen. Es wird schon alles gut werden. Bleibe gesund.“

Kapitel 4

„Heul' nicht – sonst werden wir getrennt"
KZ Theresienstadt Februar–Mai 1945

Vorm Duschen ohnmächtig geworden

Als wir in Theresienstadt ankamen, gingen wir durch ein großes Tor. Darüber stand: „Arbeit macht frei".

Dann der Schock: die Trennung von meinem Vater. Es war ja in den Konzentrationslagern so angeordnet: Frauen und Männer getrennt, Kinder nach Alter und Geschlecht.

Wir bekamen unsere wenigen Habseligkeiten abgenommen. Wir wurden entlaust. Ich hatte ganz dicke, lockige schwarze Haare – die wurden mir bis unter die Ohren abgeschnitten. Es dauerte nicht lange, da bekamen wir dann doch Läuse. Wir versuchten, ohne jemandem etwas zu sagen, der Plage Herr zu werden. Woher Hella einen Läusekamm aufgetrieben hat, weiß ich nicht, aber es dauerte nicht lange, da hatten eben alle Mädchen Läuse. Wir wurden entlaust und mit einer brenzligen/„brennenden" Flüssigkeit eingerieben.

Man kann sich wirklich nicht vorstellen, wie schlimm das war. Man wusste ja nie, was die mit einem machen. Es wurde nie etwas erklärt, was jetzt passiert. Man war so ausgeliefert, und man blieb mit seinen Ängsten alleine.

Das Wort „duschen" bereitete mir entsetzliche Angst, denn in der Erinnerung hatte ich immer wieder die Gespräche der Erwachsenen im Sinn. Ich wusste zwar nicht genau, was es bedeutete, im KZ Auschwitz zum Brausen geschickt zu werden – aber es musste etwas ganz Schlimmes, Bedrohliches sein . . .

Das „Duschen" bei der Ankunft in Theresienstadt war aber schrecklich genug. Denn: Die herumlungernden SS-Männer machten sich lustig über schwangere Frauen und Frauen, die ihre Tage hatten. Da wir alle nackt dastanden, durften die Frauen noch nicht einmal Bindengürtel nehmen – und diese miesen und fiesen Kerle lachten darüber.

Wir konnten über nichts mehr lachen.

Man muss sich das mal vorstellen: Ich war ja noch nicht aufgeklärt. Mit einer solchen Situation fertig zu werden, war schwer, denn ich konnte ja niemanden fragen. Mama und Papa – sie waren ja nicht da.

An der Tür zum Duschraum stand Frau O. Ich erkannte sie, sie wohnte früher bei uns in der Ostendstraße.

Als ich zum Duschen aufgerufen wurde, bin ich ohnmächtig geworden.

Aufgewacht bin ich in einem auf mich riesig wirkenden Saal. Ich schrie und rief nach meiner Schwester. Bis man Hella fand und sie zu mir brachte – das war die Hölle für mich. Ich dachte: Jetzt ist alles aus.

Hella bläute mir ein: „Heul' nicht – sei ruhig, sonst kommen wir weg und werden getrennt." Manchmal legte sie in den ersten drei Wochen ein Kissen auf mich. Denn ich wollte schreien, aber das ging nicht. Daran zu denken, jagt mir heute noch einen Schauer über den Rücken, denn die Angst kann man nicht in Worte fassen.

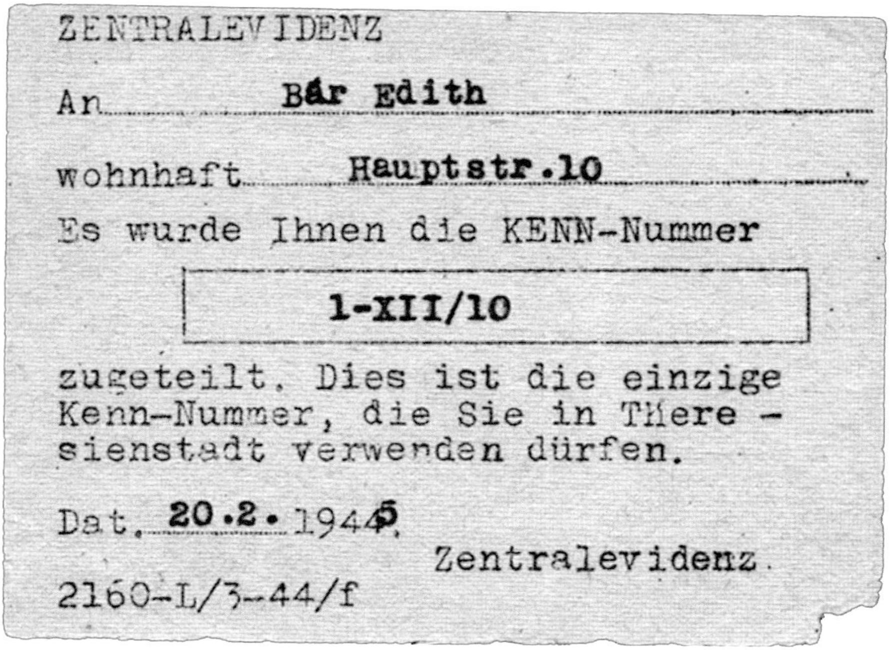

ZENTRALEVIDENZ

An **Bär Edith**

wohnhaft **Hauptstr.10**

Es wurde Ihnen die KENN-Nummer

1-XII/10

zugeteilt. Dies ist die einzige Kenn-Nummer, die Sie in There - sienstadt verwenden dürfen.

Dat. **20.2.** 1945

Zentralevidenz.

2160-L/3-44/f

Wir kamen dann zusammen in eine Gruppe älterer Mädchen, bekamen auch eine Art Ausweis mit einer Nummer. Meiner trug die Nummer 1-XII/10, wobei XII/10 für die Nummer des Theresienstadt-Transports stand. Aus dem am 20. Februar ausgestellten Papier geht hervor, dass ich in Theresienstadt in der Hauptstraße 10 wohnhaft war.

Angst vorm Lernen

Ein erneutes Drama bahnte sich für mich an: Lernen! Ich hatte als jüdisches Kind in Frankfurt ja Schulverbot gehabt und von daher auch von Buchstaben und Zahlen keine Ahnung.

Schulunterricht in Theresienstadt war zwar verboten, wurde aber dennoch unter konspirativen Bedingungen durchgezogen. Der Unterricht flößte mir Angst ein. Ich empfand die „Lehrerin" als „streng" – Hella nicht.

Wir – das waren 20 bis 30 Mädchen – saßen an einem Tisch. Wir hatten einen Bleistift und ein Stück Papier, was es zu diesem Zeitpunkt noch gab. Später war dergleichen nicht mehr vorhanden. Es handelte sich um Packpapier, Karton oder Zeitungspapier. Es war so erbärmlich. Nichts, gar nichts mehr war vorhanden. Ein Bleistiftstummel, den sich auch noch zwei Kinder zu teilen hatten, war eine Kostbarkeit.

Ich werde nie vergessen, dass wir das Gedicht von Eduard Mörike „Frühling lässt sein blaues Band wieder flattern durch die Lüfte" auswendig lernen mussten. Immer und immer wieder . . . Ich kann es seitdem nicht mehr hören – bis zum heutigen Tag.

Wenn kein Unterricht war, haben Hella und ein anderes Mädchen mit mir alles auswendig gelernt mit Lesen und Rechnen. Es war ein verstecktes Lernen. Niemand durfte es wissen, was wir heimlich taten.

Das Auswendiglernen und -behalten hat mir später im Berufsleben sehr geholfen. Aber die Bedingungen, unter denen ich mir diese Fertigkeit erworben hatte – ja, die waren, gelinde gesagt, nicht angenehm.

Am schlimmsten waren nachts die Alpträume, die mich quälten: Angst vor dem neuen Tag, Angst vorm „Lernen". Die Namen der Mädchen, die mit mir in der Lerngruppe waren, habe ich vergessen. Ich weiß aber noch: Es gab nie Streit, denn jeder wusste – so klein wir auch waren – wir wollen Frieden. Und so haben wir uns stets gegenseitig geholfen.

„Wir schaffen das"

Einmal in der Woche durfte uns unser Vater zum Spaziergang abholen. Er bat uns immer wieder eindringlich, noch auszuhalten – es werde alles gut. „Sei tapfer!" „Wir schaffen das!" Ich habe ihn in Theresienstadt niemals weinen sehen. Woher er in dieser Zeit die Zuversicht und Kraft nahm – ich weiß es nicht.

Ich versprach ihm, alles dafür zu tun, doch dieser Hoffnungsschimmer lag in weiter Ferne.

Ich hatte ständig Angst, dass ich es nicht schaffe, dass ich das Eingesperrtsein nicht mehr aushalten würde. Ich war ja so dünn, klein und immer hungrig.

Im Konzentrationslager Theresienstadt waren in der Zeit, in der wir dort waren, die Rationen so gering, wie man es sich nicht vorstellen kann.

Zu den Essensausgaben mussten wir unsere Marken mitnehmen. Obst und Gemüse gab es überhaupt nicht, auch keine Milchprodukte. Nicht mehr als 25 Gramm Pferdefleisch pro Person. Kaffee aus gebrannten Gerstenkörnern. Linsen- oder Graupensuppe aus Suppenpulver mit Wasser – ekelhaft! Oder ein bis zwei Kartoffeln mit einer dünnen Soße plus einem Stückchen Fleisch, das man mit einem Bissen verschlungen hatte.

Es gab fast immer das gleiche – Suppe wie Wasser vom Vortag am anderen Abend usw.

Zweimal pro Woche wurde Brot verteilt – an Kinder und Jugendliche ein dreiviertel Brot = ein Kilo.

Einmal binnen zehn Tagen gab es Zucker – jeweils ein Säckchen mit 100 Gramm. Das waren dann circa zwei Teelöffel pro Tag. Nur manchmal erhielten wir ein Stückchen Margarine und manchmal einen Löffel Marmeladen-Aufstrich.

Es gabe viele, die ihre Ration auf einen Schlag herunterschlangen, nur um für eine kurze Zeit das Gefühl zu haben, satt zu sein.

Ich gehörte auch dazu.

„Immer hungrig“: Edith Bärs Bezugsschein mit Essensmarken

Eines Tages bekamen wir wieder so eine Wassersuppe und ein Kaffeestückchen mit einer Pflaume obendrauf. Durch Zufall entdeckte Hella unseren Vater, der vor unserem Fenster die Straße kehrte. Sie kam auf die „tolle Idee“: Wir zwei teilen uns ein Stückchen, und das andere bringe ich Papa. Er braucht doch etwas zu essen, er ist so abgemagert. Es war nicht das Teilen, sondern die Angst, dass etwas schief gehen könnte, denn dies war zu jeder Zeit möglich: ständige Kontrollen, überall und nahezu durchgängig Überwachung.

Ich war einverstanden, aber da es verboten war, den Raum zu verlassen, sagte Hella, sie müsse „zur Toilette“. Wie sie es geschafft hat, durch die Kontrollen zu kommen, war ein Wunder, aber die Angst, die ich hatte, war fast nicht zu ertragen.

Sie kam heil zurück. Aber sie musste mir versprechen, so etwas nicht wieder zu tun. Diese Angst, dass die Schwester geschnappt wird, und ich, die kleine Edith, dann allein zurückbleibe, war riesengroß. Das kann wohl einer, der das nicht erlebt hat, nur schwer nachvollziehen. Ich konnte keine Stückchen mehr essen. Niemals – ich kann es bis heute nicht.

Trennung von Hella

Es gab indes noch weitere Ängste. So jung wie ich war, wusste ich doch schon, dass Transporte von Theresienstadt weggingen – nach Auschwitz. Was das war und bedeutete, wusste ich nicht. Auschwitz war eine Art Chiffre für die übermächtige Angst, dass Hella oder ich getrennt werden würden, dass einer von uns wegkommen könnte, dass ich allein bleiben würde. Dafür stand Auschwitz für mich – nicht für eine reale Todesdrohung oder fürs Vergasen (davon wusste ich nichts). Von Theresienstadt nach Auschwitz weg – das war für mich damals etwas Unfassbares, die Angst vor dem endgültigen Verlust, das Ende dieses winzigen Stückchens Sicherheit, das die Nähe meiner Schwester und die meines Vaters mir bot. Und eine erneute Trennung von Hella zu verkraften, war für mich unerträglich.

Es kam der Monat März, und ich wurde doch von Hella getrennt, da Kinder von einem Alter ab zehn Jahren an arbeiten mussten. Mein Vater und Hella redeten auf mich ein: „Sei tapfer! Sei vernünftig! Wir holen dich bald.“

Ich bekam eine neue Aufseherin – ein Unglück für mich. Denn sie drohte mir ständig, ich käme „zu den Babys“, wenn ich nicht bald lesen und schreiben könne. Wie denn? Ich hatte es doch nicht gelernt. Ich denke, sie wollte sich nur einen Vorteil verschaffen, sie war – was ich vermute – doch wohl selbst eine Gefangene. Sie hätte aber nicht so grob sein dürfen, wir waren doch kleine Kinder. Da ich nicht immer so funktionierte wie sich diese Aufseherin das dachte, musste ich mal den Fußboden mit einer Zahnbürste schrubben.

Die von mir getrennte Hella trat dann morgens zum Appell an, musste hacken, Kartoffeln ausmachen und einsacken. Das war auch deshalb schwer für sie, weil es doch oft so bitterkalt gewesen ist. Sie war auch zu Arbeiten an den Außenanlagen eingeteilt: Unkraut jäten, Steine klopfen, große Löcher ausheben. Für eine Elfjährige unter verheerenden Verhältnissen – nicht zu begreifen!

Unfassbar dann das, was ihr und ihren Leidensgenossinnen einmal als Belohnung von den Aufsehern und Wächtern versprochen wurde: Morgen kommt ein Zug, der bringt EUCH einen ganzen Waggon voller Süßigkeiten und Leckereien. Für alle Kinder und Jugendlichen, die hier schuften!

Tags drauf stand dann die jugendliche Arbeitsbrigade an den Geleisen Spalier. Der Zug rollte an, stoppte mit dem vierten Waggon in Höhe der Kinderschar, die auf die Süßigkeiten warteten. „Tretet ein Stück zurück, jetzt ist es gleich soweit!" sagt einer der erwachsenen Aufseher, „der Wagen ist bis oben hin mit Süßzeug gefüllt, ihr sollt euch nicht verletzen!" Die Tür wird aufgestoßen, es riecht komisch, und dann fallen tote Menschen heraus. Hella und die anderen müssen die Leichen wegschaffen und den Waggon saubermachen.

Eine zweite makabre Episode mit „Süßigkeiten" trug sich bei der Visite einer Rotkreuz-Delegation am 6. April 1945 zu. Es wurde für die Besucher ein Potemkinsches Dorf aufgebaut. Hellas Gruppe wurde festlich angezogen, und es wurde ihnen sehr deutlich gesagt, was sie zu tun und zu lassen hätten. Das Musikspiel „Das Glühwürmchen" wurde aufgeführt.

Die Tische waren mit Speisen und (diesmal echten) Süssigkeiten reich gedeckt, aber wir Kinder mussten sagen: „Nein wir haben keinen Hunger. Wir bekommen jeden Tag soviel, wir möchten nichts." Es hat/hätte sich auchkeiner getraut, etwas zu nehmen.

Als die Delegation weg war, wurde alles abgeräumt. Man nahm uns auch die Kleider und Schuhe ab und tauschte sie gegen die Sackkleider und Holzschuhe wieder ein, die wir jeden Tag tragen mussten.

Ich kann bis heute nicht verstehen, dass keiner der Herren dieser Delegation etwas gemerkt haben will – so verstört und ausgehungert wir

Kinder doch waren. Kein Mensch der Welt glaubt doch, dass Kinder keine Süssigkeiten mögen – egal wieviel sie vorher auch gegessen haben. Wie erbärmlich war diese Delegation. Ich sage: Sie wollten es nicht merken! Unverzeihlich!

Das alles ging nach der Trennung von Hella über meine Kräfte. Ich wurde schwer krank, bekam Fieber, kam in eine Krankenstube, wo sich aber auch andere Kinder befanden. Nicht allein zu sein, sondern in Gemeinschaft – das war eher zu ertragen. Einmal kam ein „Arzt" in Uniform, der mir Ovomaltine verordnete, damit ich wieder zu Kräften käme. Leider habe ich diese Ovomaltine nie bekommen. Ob die Aufseherin sie für sich behalten hat, ist nie geklärt worden. Ich hätte mich ja auch nie getraut, nachzufragen.

Wiedersehen mit Oma

Hella lebte nun in einem anderen Haus. Wir sahen uns nur noch an den Besuchstagen, wenn unser Vater uns abholen durfte. Was ganz schlimm war: Wir bekamen keine Post von unserer Mutter und durften auch nicht an sie schreiben. Ich dachte an die Bombenangriffe in Frankfurt. Fragte mich: Lebt SIE noch? Wie geht es IHR? Denkt SIE noch an uns? Und ob SIE auch so eine Sehnsucht nach uns hat wie wir nach ihr. Ich hatte Angst, dass ihr Leben in Gefahr ist. Dabei immer und immer wieder diese Alpträume.

Ich bin in Theresienstadt dreimal umgezogen. Das hatte System. Es wurde niemandem was gesagt (von den Angehörigen), sodass niemand so recht wusste, wer wo war. Auf diese Weise hatten wir jeglichen Kontakt zu Cousin Heinz verloren.

Vater wusste jedoch über unsere jeweilige Adresse Bescheid. Er hatte einen Bekannten, der Zugang zum Insassenverzeichnis mit den jeweiligen Aufenthaltsorten hatte. Durch eine glückliche Fügung kam ich dann in ein Haus, das gegenüber dem Haus lag, in dem mein Vater untergebracht war. Dort konnte ich wenigstens sein Fenster sehen. Für mich war das zu diesem Zeitpunkt die reine Seligkeit.

Mein Vater kam nach seiner Arbeit im Freien in die Küche zum Arbeiten. Dort gab es dann immer mal wieder an den Besuchstagen etwas zu essen, was nichts mit Graupen oder Kartoffeln zu tun hatte. Aber ich hatte immer Hunger, ganz entsetzlichen Hunger. Ich klagte bei meinem Vater darüber. Wie schlimm muss es für ihn gewesen sein, mir nichts geben zu können.

Als ich meinen Vater wieder mal besuchen war, sah ich, dass er sich und seine Freunde Hugo Reis und Leo Sundheimer Kartoffelschalen zum Trocknen auf die Fensterbank gelegt hatten. Das war Tabak für sie. Ich bin hin und habe vor Hunger die ganzen Kartoffelschalen gegessen.

Ich bekam ein schlechtes Gewissen, denn ich hatte die Männer ja um ihr kleines Vergnügen gebracht. Weil ich mich so geschämt habe, habe ich die „Tat" den Freunden meines Vaters gebeichtet.

Die beiden waren in Theresienstadt auch unsere Väter. Wir nannten sie Onkel Hugo und Onkel Leo – für mich ganz liebe und wertvolle Menschen. Sie wohnten mit uns in Frankfurt, und Hella und ich hatten somit drei Väter in Theresienstadt, denn auch Hugo Reis und Leo Sundheimer sorgten für uns – soweit das möglich war.

Keiner hat denn auch nach der Beichte mit den Kartoffelschalen mit mir geschimpft. Im Gegenteil: Onkel Hugo ging an sein Kopfkissen und holte einen Kanten Brot seiner Ration hervor und gab ihn mir.

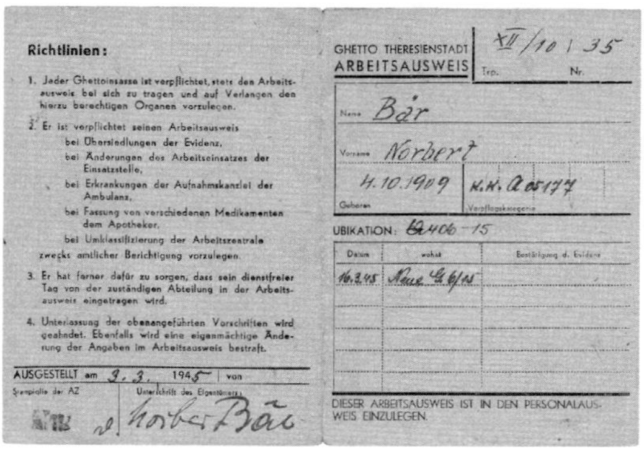
Richtlinien:

1. Jeder Ghettoinsasse ist verpflichtet, stets den Arbeitsausweis bei sich zu tragen und auf Verlangen den hierzu berechtigten Organen vorzulegen.
2. Er ist verpflichtet seinen Arbeitsausweis
   bei Übersiedlungen der Evidenz,
   bei Änderungen des Arbeitseinsatzes der Einsatzstelle,
   bei Erkrankungen der Aufnahmskanzlei der Ambulanz,
   bei Fassung von verschiedenen Medikamenten dem Apotheker,
   bei Umklassifizierung der Arbeitszentrale
   zwecks amtlicher Berichtigung vorzulegen.
3. Er hat ferner dafür zu sorgen, dass sein dienstfreier Tag von der zuständigen Abteilung in der Arbeitsausweis eingetragen wird.
4. Unterlassung der obenangeführten Vorschriften wird geahndet. Ebenfalls wird eine eigenmächtige Änderung der Angaben im Arbeitsausweis bestraft.

AUSGESTELLT am 3. 3. 1945 von

Stampiglie der AZ | Unterschrift des Eigentümers:

GHETTO THERESIENSTADT
ARBEITSAUSWEIS

XII/10 | 35
Trp. Nr.

Name: Bär
Vorname: Norbert
Geboren: 4.10.1909
Verpflegskategorie: K.H. Q 05177

UBIKATION: 406-15

Datum	wohnt	Bestätigung d. Evidenz
16.3.45	Neue G. 6/15	

DIESER ARBEITSAUSWEIS IST IN DEN PERSONALAUSWEIS EINZULEGEN.

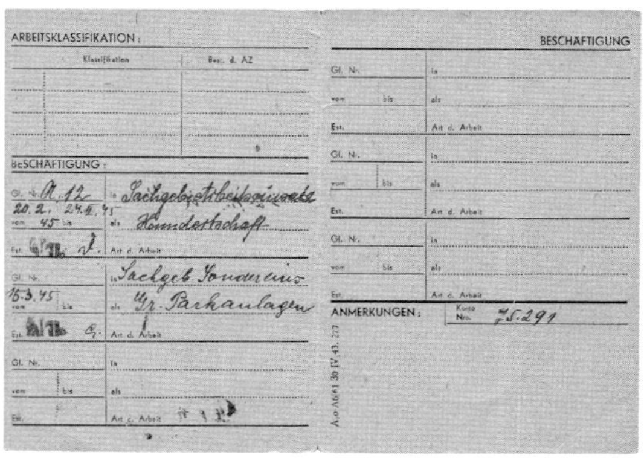
ARBEITSKLASSIFIKATION:

Klassifikation	Best. d. AZ

BESCHÄFTIGUNG:

Gl. Nr. A. 12 — in Sachgebiet …
vom 20. 2. 45 bis 24. 4. 45 — als Hundertschaft
Est. — Art d. Arbeit

Gl. Nr. — in Sachgeb. Sonderein…
vom 15.3.45 bis — als Gr. Parkanlagen
Est. — Art d. Arbeit

Gl. Nr. — in
vom bis — als
Est. — Art d. Arbeit

BESCHÄFTIGUNG

Gl. Nr. — in
vom bis — als
Est. — Art d. Arbeit

Gl. Nr. — in
vom bis — als
Est. — Art d. Arbeit

Gl. Nr. — in
vom bis — als
Est. — Art d. Arbeit

ANMERKUNGEN: Konto Nro. 75.291

A.o Ab61 30 IV 43. 277

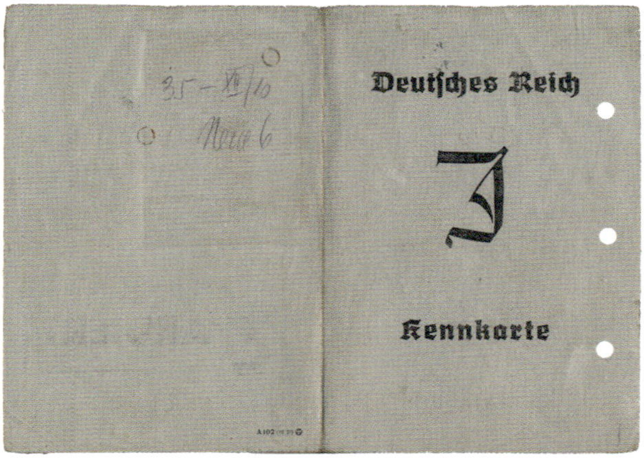

Theresienstädter Identitätspapiere: Arbeitsausweis (S. 46) und „J"-Kennkarte von Norbert Bär

Diese wertvollen Freunde haben meinem Vater sehr geholfen und unterstützt, denn er hatte es sehr schwer. Ihn drückte nicht nur die Sorge um uns Mädchen, sondern ihn quälte auch der Kummer um unsere Mutter, die ja ein Kind erwartete, als wir deportiert wurden. Darüber konnte er mit uns ja nicht sprechen, wohl aber mit Onkel Hugo und Onkel Leo. Die waren ihm wirkliche Freunde und bedeuteten einen großen Halt für ihn und uns. Sie haben uns auch noch nach dem Krieg begleitet.

In Theresienstadt hat mein Vater seine Mutter, also unsere Oma, wiedergefunden.

Oma lebte, als wir nach Theresienstadt kamen. Vater nahm uns an einem Besuchstag mit zu ihr. Oh mein Gott! Als ich sie das letzte Mal in Frankfurt gesehen hatte, war sie eine große, stattliche Frau gewesen. Jetzt war sie alt und gekrümmt, ich habe sie fast nicht wieder erkannt, aber ihre Stimme war mir vertraut.

Als sie uns sah, sie nannte mich immer Ethel, war ihre Freude groß: „Dass ich Euch noch einmal sehe!“ Ihre Stimme versagte, als ich sie nach Opa fragte. Ich habe sie nie mehr, auch nicht nach dem Krieg, danach gefragt. Ich wollte keine Wunden aufreißen. Auch wusste ich ganz schnell, welche Fragen ich nicht stellen durfte. Aus den Gesprächen der Erwachsenen bekam ich vieles mit, das geheimnisvoll und bedrohlich war. Aber ich konnte und wollte nicht mehr fragen.

Diese Einsamkeit und die „große Ungewissheit“, was noch alles kommen könnte – für ein kleines Mädchen von siebeneinhalb Jahren undenkbar!

Kapitel 5

„Runter von den Betten – wir werden befreit“
April–Juni 1945: Letzte Tage und Heimkehr

„. . . dass das Ende abzusehen war“

In der Nacht vom 7. auf den 8. Mai 1945 lag ich in meinem Hochbett in der Hauptstraße 10. Plötzlich hörte ich draußen fürchterliche Schreie und Schießereien. Dann stand eine für uns fremde Frau in der Tür und schrie: „Runter von den Betten, wir werden befreit!“

Draußen war es taghell erleuchtet – wie mit bengalischem Feuer. Wir sahen dann – neugierig wie wir waren – wie Leute, die uns tagaus, tagein schikaniert und kujoniert hatten, abgeführt und mit Lastwagen abtransportiert wurden.

Auf einmal standen Vater und Hella in der Tür und riefen: „Wir sind frei!“

Tag der Befreiung! Sowjetische Militärfahrzeuge rücken in Theresienstadt ein, die Soldaten werden von den Häftlingen gefeiert.

Mit dem Wort „frei“ konnte ich zuerst gar nichts anfangen. Mein Vater sagte, ich solle meine Habseligkeiten zusammenpacken, er würde mich am Tag abholen – das glaubte ich ihm nicht. Ich hatte es ja schon so oft gehört, dieses Versprechen: „Ich hole dich bald ab!“

Ich weiß es noch wie heute: Ich saß auf meinem Bett und dachte „wieder eine Woche, bis ich Papa und Hella wieder sehe“. Es war eine unbeschreibliche Traurigkeit. Ich weinte leise vor mich hin. Obwohl mein Vater versuchte, mir klarzumachen, er hole mich bestimmt ab. Dass alles zu Ende sei und wir heimkehren zu meiner Mutti – nein, ich konnte es zu dieser Stunde nicht glauben.

Aber diesmal stimmte es. Wirklich! Ein paar Stunden später kam mein Papa und holte mich in seine Unterkunft und die der Onkels Hugo und Leo. Hella war auch schon da. Diesmal hatte er keine leeren Versprechungen gemacht. Wir konnten uns frei bewegen. Keiner beobachtete uns – ein ungewohntes Gefühl.

Woher er die ungebrochene Zuversicht, dass alles gut ausgehen werde – die er ja regelrecht ausstrahlte –, woher er die also genommen hat, ist mir in all den Jahren danach – eigentlich bis Vaters Tod 1987 – nie so recht klar geworden. Ich habe ihn nie weinen sehen im KZ. Ich habe ihn nie schlecht erlebt, er war immer aufbauend, er hat immer gesagt „wir schaffen das“. Ich habe ihn oft danach gefragt, ja auszufragen versucht – aber er hat das stets abgebügelt mit den Worten: „Kind, lass' es ruhen!“

Einen direkten Hinweis, woraus sich sein Optimismus speiste, habe ich erstmals in den Nachlasspapieren gefunden, und zwar in der schon einmal zitierten Zeugenaussage, die er im Oktober 1966 im Ermittlungsverfahren gegen den SS- und Gestapo-Verbrecher Ernst Holland gemacht hat. Damals gab Vater vor der Staatsanwaltschaft Frankfurt und dem Hessischen Landeskriminalamt zu Protokoll: „In Theresienstadt mußte ich arbeiten, meine Kinder waren in einem Kinderheim (...). Das Essen war denkbar schlecht. **Es war ein Glück, dass das Kriegsende nahte. Wir haben uns auch gegenseitig Mut gemacht und gestützt im Hinblick darauf, dass das Ende abzusehen war.** Besonders positiv bewerteten wir es, als Ende April 1945 die dänischen Juden aus Theresienstadt von dem schwedischen Roten Kreuz in ihre Heimat mit Omnibussen abtransportiert wurden.“

Bei diesem Dänen-Heimtransport wird Vater ganz bestimmt gehört haben, dass bereits am 5. Februar – also gut zwei Wochen, bevor wir in Theresienstadt ankamen – 1.200 Häftlinge freigelassen und in Personen- nicht (!) Viehwaggons in die Schweiz verschickt worden waren. Und Papa hat auch garantiert mitbekommen, dass in der ersten Aprilhälfte 1945, die Angestellten des Reichssicherheitshauptamtes in Theresienstadt das Archivgut der SS verbrannten und sich selbst in persona verdünnisierten. Und ihm kam ganz sicher zu Ohren, dass SS-Chef Heinrich Himmler am 16. April einen Befehl „zur kampflosen Übergabe des Ghettos“ seinen

Schergen in Theresienstadt zustellen ließ und dass er, Himmler, Verhandlungen mit dem Internationalen Roten Kreuz (IRK) aufgenommen hatte, um das Lager in IRK-Obhut zu übergeben. Gewiss sprach es sich auch im Lager wie ein Lauffeuer herum, dass IRK-Repräsentant Paul Dunant am 21. April das zugesagt hat. Und so geschah es: Am 3. Mai übernahm das Rote Kreuz den Schutz über Ghetto und Polizeigefängnis in Theresienstadt, am 5. Mai, also drei Tage bevor Panzereinheiten der Roten Armee uns „militärisch befreiten“, nahmen die SS-Leute Reißaus.

Das alles hat unser Vater höchstwahrscheinlich direkt und indirekt und augenfällig mitbekommen, und es hat wohl seinen Mut und Glauben bestärkt, „im Hinblick darauf, dass das Ende abzusehen war“, uns Mädchen zum Durchhalten anzufeuern. Ich habe von all diesen Ereignissen während diesen „letzten Tagen von Theresienstadt“ nichts wahrgenommen, geschweige denn verstanden, was da vor sich ging. Ich wusste nur an diesem 8. Mai 1945: Papa hat recht gehabt! Wir dürfen heim zur Mutti!

Andere machten sich schon am Tag nach der Befreiung auf den Weg oder wurden weggeschafft. Die Straßen in Theresienstadt waren voll mit Menschen in merkwürdiger Kleidung. Manche hatten Kreuze mit gelber Ölfarbe auf dem Rücken. Es fuhren Lastwagen mit Menschen „dieser schrecklichen Sorte“ ab – wohin weiß ich nicht.

Als ich mit Hella dort stand und auf unseren Vater wartete, sah ich die „Lehrerin“, deren Strenge mich so eingeschüchtert hatte. Sie rief aus dem Zugfenster: „Dass Du ja lernst!“ Diese Worte werde ich mein ganzes Leben lang nicht vergessen.

Quarantäne und Gaskammer

Wir mussten noch in Theresienstadt bleiben. Die Russen hatten Quarantäne angeordnet, denn es grassierte eine Flecktyphusepidemie, an der noch mehr als tausend Menschen starben. Die Krankheitserreger waren von den 15.000 Menschen eingeschleppt und verbreitet worden, die von Mitte April bis Anfang Mai aus den dicht gemachten Vernichtungslagern Auschwitz, Bergen-Belsen, Buchenwald mit sogenannten „Evakuierungstransporten“ nach Theresienstadt gekarrt worden waren. Niemand durfte zwischen 14. und 28. Mai die Stadt verlassen. Ich habe keine Erinnerung an diese beiden Wochen.

Die setzt erst wieder ein, als Vater sich daran machte, für uns die Papiere zur Ausreise zu besorgen. Er machte da ziemlichen Druck – er wollte mit uns so schnell wie möglich nach Hause zu unserer Mutter, denn er wusste ja, dass sie bestimmt schon ihr Kind zur Welt gebracht haben musste, falls alles „normal" gelaufen sein sollte.

Er ging zur Kommandantur zwecks Repatriierung/Wiedereinbürgerung.

Da riesige Menschenschlangen anstanden wegen des gleichen Wunsches, hielten wir uns in Reichweite von Papa auf – für den Fall, dass er uns hätte rufen müssen.

Gott sei Dank traf er einen Offizier, der etwas Deutsch sprach. Dem konnte er seine Lage erklären. Er bekam unsere Papiere und Geld. Sie trugen das Datum 6. Juni 1945. Mein Ausweis hat die Nummer 3836.

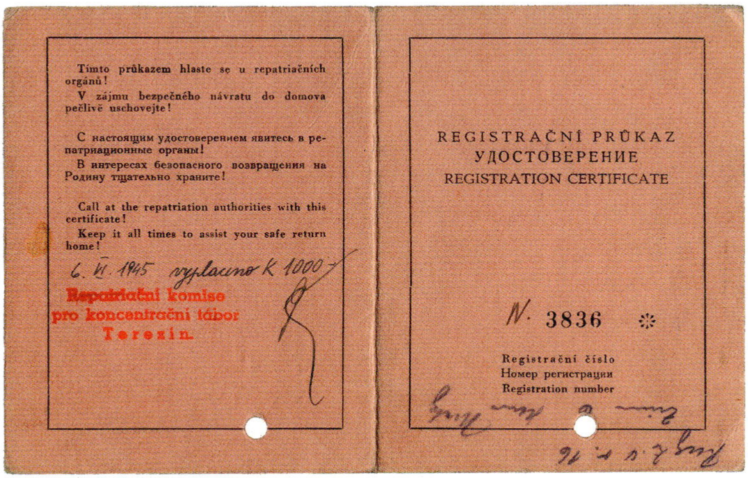
Tímto průkazem hlaste se u repatriačních orgánů!
V zájmu bezpečného návratu do domova pečlivě uschovejte!

С настоящим удостоверением явитесь в репатриационные органы!
В интересах безопасного возвращения на Родину тщательно храните!

Call at the repatriation authorities with this certificate!
Keep it all times to assist your safe return home!

6. VI. 1945 vyplaceno K 1000.-

Repatriační komise
pro koncentrační tábor
Terezín

REGISTRAČNÍ PRŮKAZ
УДОСТОВЕРЕНИЕ
REGISTRATION CERTIFICATE

N. 3836

Registrační číslo
Номер регистрации
Registration number

ČESKOSLOVENSKÝ REPATRIAČNÍ ÚŘAD
ЧЕХОСЛОВАЦКИЙ РЕПАТРИАЦИОННЫЙ ОРГАН
CZECHOSLOVAK REPATRIATION OFFICE

Jméno a příjmení: / Фамилия и имя: / Family name: Bär Edith
Den, místo narození: / Год, месяц, день и место рождения: / Date, place and country of birth: 28. 10. 1937 Frankfurt a. M.
Povolání: / Занятие: / Occupation: dítě

Místo určení: / Место направления: / Desired destination: Frankfurt a. M.
Vlastnoruční podpis: / Подпись владельца: / Signature of holder: Bär Edith
V / В / IN Terezíně dne / дня / date 6. 6. 1945

Repatriační komise pro koncentrační tábor Terezín

Edith Bärs Repatriierungsausweis – ihre „Entlassungspapiere"

Der Offizier wollte, dass wir uns zunächst noch etwas erholen sollten. Aber wer wie wir in einem Konzentrationslager gewesen ist, der will – das kann sich wohl jeder vorstellen – so schnell wie möglich nach Hause.

Wir haben unsere Großmutter besucht und uns verabschiedet. Aber diesmal war es ja nicht für lange. Die Strapazen dieser Rückreise wären für sie zu groß gewesen. Sie wollte nachkommen, keine zusätzliche Belastung für meinen Vater sein – der hatte ja zwei kleine Mädchen.

Wir packten dann unsere Habseligkeiten zusammen. Am 7. Juni 1945 sind wir aufgebrochen.

Vater ist an diesen Ort niemals zurückgekehrt.

Sein Horror ist verständlich. Er hatte bei den bürokratischen Formalitäten, die wegen der Repatriierung in der Kommandantur zu erledigen waren, die Gestapo-Akten über den Transport XII/10, mit dem wir ja vor gut einem Vierteljahr nach Theresienstadt deportiert worden waren, einsehen können. In denen war nachzulesen, dass wir alle vom Transport XII/10 nach den seinerzeitigen, 1944 ausgegebenen SS-Direktiven in Berlin und Frankfurt am 9. Mai in Auschwitz hätten vergast werden sollen. Gott sei Dank hat sich diese Order ja durch die Kriegsereignisse als obsolet erwiesen – aber makaberweise sind wir ja am 7./8. Mai von der Roten Armee befreit worden, also just einen Tag, bevor wir in Auschwitz hätten umgebracht werden sollen.

Wobei uns der Tod durch Vergasen beinahe auch noch in Theresienstadt hätte ereilen können. Im Februar 1945, kurz nach unserer Ankunft, begannen Arbeitstrupps von Häftlingen – darunter auch mein Vater – eine Gaskammer zu bauen. Sie wurde nie fertiggestellt, denn das Ende des Lagers kam dann doch rasch und früher, als es die Nazis im Frühjahr 1945 ahnten.

Von unserem Ermordungstermin in Auschwitz und von der geplanten Gaskammer in Theresienstadt habe ich erst im Nachhinein, Jahrzehnte später, erfahren. Wie so vieles hat Vater uns auch das verschwiegen.

Aber auch ohne dieses Wissen ist Theresienstadt die Hölle für mich gewesen. Ich höre so oft von Zeitgenossen, dass das dort nicht gar so schlimm gewesen sein könne in Theresienstadt, schließlich habe es ja „nur“ als Alters- und Prominentenghetto und Durchgangs- und Sammellager fungiert. In Theresienstadt, so heißt es, seien ja keine Menschen ermordet worden . . . Was für ein dummes Gerede, was für ein bodenloses Geschwätz!

Von Theresienstadt aus sind 88.000 Menschen in den Tod, in die Vernichtungslager geschickt worden! In Theresienstadt selbst sind 33.500

Menschen zu Tode gebracht worden! Menschen wurden exekutiert oder „einfach so“ erschossen. Menschen verhungerten regelrecht, und in keiner Stadt der Welt sind jemals Tag für Tag so viele Menschen an „Herzinfarkt“, an „Lungenentzündung“, „Altersschwäche“ und anderen „normalen“ Krankheiten verstorben, wie das die Nazis in ihren Lügen-Schreiben an die hinterbliebenen Witwen und Waisen weiszumachen versuchten!

Norbert Bär 1945

Ich kann meinen Vater gut verstehen, dass er dort niemals mehr hin wollte. Auch ich habe mich davor gescheut, 50 lange Jahre, diesen Ort zu betreten. Ich bin dort schwer krank gewesen. Ich hatte immer Hunger. Die hygienischen Verhältnisse waren entsetzlich. Man hat uns verwahrlosen lassen. Ich war als siebenjähriges dünnes, schwaches, vom Bombenkrieg in Frankfurt traumatisiertes Kind von meinem Vater und meiner Schwester getrennt worden. Ich habe einsam und allein Todesgefahr und Todesangst empfunden, furchtbare Alpträume gehabt. Ich bin – allein auf mich gestellt und völlig wehrlos – beschimpft, verdächtigt, getriezt und gequält worden. Ich konnte nirgendwohin, ich hatte keine Zuflucht, ich war schutz- und rechtlos irgendwelchen fremden Menschen ausgeliefert.

Das alles hatte sein Ende gefunden. Am 7. Juni kehrten wir Theresienstadt den Rücken – Papa, Hella und die Onkels Leo und Hugo.

Heimkehr im Leiterwagen und Autoreifen

Es war ein langer, schwerer, mühseliger Heimweg. Ich habe keine systematischen Erinnerungen daran, weiß nichts über die genaue Route und die Abfolge der Stationen, wo wir Rast machen konnten.

Eines der Verkehrsmittel, mit denen wir von Ost nach West unterwegs waren, ist mir lebhaft in Erinnerung geblieben: ein Leiterwagen, den mein Vater und seine Freunde organisiert hatten. Mit dem legte unsere kleine Reisegruppe große Strecken zurück. Hella und ich waren die einzigen Kinder und konnten auf dem Leiterwagen sitzen.

Man muss sich das vorstellen: Es war alles kaputt – auch und gerade die Straßen und die Zuwege. Wir hatten nur wertloses tschechisches Geld.

Wir kannten uns nirgends aus, mussten uns durchfragen, ohne die Sprache zu beherrschen – trostlos!

Für die Heimreise bekommen die Bärs „wertloses tschechisches Geld" aus Theresienstadt mit auf den Weg.

Wenn wir wie verloren da standen und uns die Menschen betrachteten wie von einem anderen Stern – daran denke ich heute noch. Wie waren wir doch arm dran! Ich war so müde und hungrig, ich stellte mich zwischen die Beine meines Vaters, um im Stehen zu schlafen.

Wir hatten uns durchgefragt und zu einem befreiten Lager in Plauen durchgeschlagen, wo nur Frauen lebten. Dort konnten wir uns von den Strapazen und der Erschöpfung ausruhen.

Bei diesen Frauen habe ich zum ersten Mal Bananen bekommen – und etliche andere Sachen, die ich noch nie zuvor gegessen hatte. Ich fragte immer bei Hella nach, ob ich das auch essen darf, denn ich war doch misstrauisch geworden.

Der Leiter des Lagers wollte uns zur Erholung dort behalten, aber wir wollten weiter, einfach weiter, einfach nach Hause – der Weg war doch noch so weit.

Eine weitere Station, Haltepunkt auf unserer Wanderung, war ein US-Camp in Rentzschmühle. Die Amerikaner gewährten uns Unterkunft und

Essen für kurze Zeit, nachdem sie erfahren hatten, von woher wir kamen. Wir hatten Glück, denn dort war oft jemand dabei, der etwas Deutsch sprach und verstand.

Wo wir ansonsten noch überall Station machten – ich weiß es nicht mehr. Ich war immer nur müde und habe viel, viel geschlafen.

Anfang Juli kamen wir an einen Bahnhof und konnten mit einem Zug mitfahren, der nach Hanau ging. Der Zugführer erlaubte es uns, gratis, nachdem mein Vater ihm erzählt hatte, woher wir kamen.

Ich weiß noch, dass es fürchterlich geregnet hat. In diesem Zug waren amerikanische Soldaten, die vom Zugführer gehört hatten, wer wir waren und dass wir auf dem Heimweg von Theresienstadt nach Frankfurt am Main waren.

Ich hörte ein Gerumpel auf dem Dach, denn der Zug fuhr sehr, sehr langsam. Ein Soldat kletterte zu uns und gab uns Cadbury-Schokolade. Das war auch etwas, was ich nicht kannte. Und immer wieder die gleiche Frage: „Kann ich das essen?"

In Hanau angekommen, fand mein Vater einen Mann mit einem Lieferwagen, der Autoreifen geladen hatte. Er fuhr nach Frankfurt in die Hanauer Landstraße, von wo aus die Uhlandstraße abgeht. Wir hofften und wünschten es uns, dass meine Mutter dort noch lebte. Der Papa hat gesagt: Wir gehen aufs Geratewohl dorthin zurück, wo wir hergekommen sind. Vielleicht wissen ja dann die Nachbarn was. Mich legte man in einem der riesigen Autoreifen ab, wo ich auch prompt einschlummerte.

So habe ich das erste Wiedersehen mit meiner Mutter regelrecht verschlafen. Das Haus war Gott sei Dank nicht zerbombt worden (es steht auch heute noch), und SIE stand an der Straßenecke und unterhielt sich mit einer Nachbarin.

Nachdem sie sich mit meinem Vater und Hella umarmt hatte, fragte sie: „Habt ihr die Kleine nicht mitgebracht?" Da holte mein Vater mich aus dem Autoreifen. Ach, war das eine Freude, wieder zu Hause zu sein bei Mama! Unheimlich schön! Unser langer, langer Weg war zu Ende.

Draußen hing Wäsche, ich wusste nicht, dass es Windeln waren. Das wurde mir erst klar, als uns mein Vater die Treppen hochjagte: „Geht schnell nach oben, ihr habt ein Brüderchen bekommen."

Da lag das Baby Norbert im Bettchen. Er war am 10. Mai 1945 geboren worden – zwei Tage nach unserer Befreiung in Theresienstadt.

Kapitel 6

„Es geht jetzt das normale Leben weiter"
1945–1954: Schulzeit und Jugend in Frankfurt

Spiele mit dem Tod

Die ersten Tage nach der Heimkehr bestanden fast nur aus Schlafen und Erzählen, denn wir waren so kaputt von der langen Heimreise und der Zeit in Theresienstadt.

Doch die Eltern gaben recht schnell die Parole aus: „Es fängt jetzt das normale Leben wieder an!" Es war ja der kleine Bruder da, wir waren zu fünft und lebten in sehr, sehr beengten Verhältnissen. Da hat sich der Vater auf die Socken gemacht und sich die Hacken wund gelaufen, um für sich eine Arbeit und eine größere Wohnung für unsere Familie zu finden.

Er fand sofort eine Lebensstellung bei den Stadtwerken Frankfurt am Main, bewarb sich am 11. Juli und ist dann auch gleich zum 1. August genommen worden. Er hat dort bis zur Rente als Angestellter gearbeitet. Mutter ist Hausfrau geblieben.

Ich kam zur Erholung nach Lugano in der Schweiz. Das war zwar weit von zu Hause weg, aber mir ging es dort sehr gut. Ich wurde verwöhnt und bekam ganz viel Liebe von der Familie, die mich aufnahm. Aber als die Zeit dort um war und ich wieder nach Hause kam, dachte ich: „So schnell fahre ich nirgends mehr hin!"

Allerdings stand daheim ein Tapetenwechsel an. Wir hatten zu fünft noch gut sechs Wochen in der Uhlandstraßen-Mansarde gelebt – inmitten einer „arischen" Nachbarschaft, die passiv den Deportationen zugeguckt, während der Verfolgungszeit keinen Finger für uns gerührt und sich wahrscheinlich noch bei den räuberischen Versteigerungen von „Judengut" mit Möbeln und Hausrat eingedeckt hatte.

Jetzt konnten wir nach Eckenheim umziehen – in eine Wohnung, in der zuvor ein hohes Tier von der SS mit seinen Angehörigen logiert hatte. Die Wohnung war möbliert. Als Mutti eine Schublade beim Buffet rauszieht, wird sie kreidebleich. Da sind Bilder und „Fan-Postkarten" mit Porträts von Hitler, Goebbels und Göring drin. „Hier kann ich net wohne' bleibe!"

Vater fand das natürlich auch ganz schlimm, sozusagen im Haus des Henkers leben zu müssen. Aber so schnell war ja nichts zu kriegen.

Denn: Frankfurt lag unter einer Trümmerschicht von 13 Millionen Kubikmetern Schutt begraben.

Der damalige Stadtkämmerer Georg Klingler hat 1950 diese Ausgangslage in einem Magistratsbericht so beschrieben: „Frankfurt bot am Ende des Krieges das Bild einer so verheerenden Zerstörung, dass ein Wiederaufbau damals schwer vorzustellen war. Fast ein Drittel aller Gebäude und zwei Fünftel des Wohnungsbestands waren zerstört. Die gesamte Altstadt mit ihren baulichen Kostbarkeiten, mit Römer und Goethehaus, war ein einziges Trümmerfeld. Die Straßen der Stadt lagen aufgerissen und weite Strecken waren mit Trümmern überschüttet. Der Verkehr war tot, keine Straßenbahn, keine Autobuslinie; sämtliche Bahnhöfe in Frankfurt am Main waren getroffen, die Mainbrücken gesprengt, der Schiffsverkehr lahmgelegt. Die Arbeitsstätten im Bereich der Stadt lagen zerschlagen, die Versorgungseinrichtungen schwer beschädigt, das Kanalnetz durchlöchert, die Versorgung mit Trinkwasser, mit Elektrizität und Gas zerstört. Und in den Trümmern dieser Stadt lebte eine körperlich und seelisch entkräftete Bevölkerung."

Auch ich habe das noch vor Augen – vor allem die dem Erdboden gleichgemachte Ostendstraße.

Einen schlimmen Anblick bot auch die Gegend um die Zeil, wo ja meine Großeltern gelebt hatten. Die Hanauer Landstraße, wo Hella und ich unter Lebensgefahr Kohlen aufgesammelt hatten – ein Trümmerfeld. Desgleichen die Friedberger Anlage, wo Mutti während der letzten beiden Kriegsjahre bei einer Arzneimittelfirma im Arbeitsdienst war.

Wir waren schlichtweg allüberall von Trümmern umgeben. Drin gespielt haben wir jedoch nicht, das haben uns die Eltern strikt verboten, und wir haben uns dran gehalten. Dort konnte man durchaus zu Tode kommen – wie in den damals erschienenen Tageszeitungen nachzulesen ist.

In den Höhlen, Kellern und Katakomben unter den Ruinen hausten Gruppen jugendlicher Herumtreiber illegal unter der Erde versteckt, machten hier ihre Geschäftchen, organisierten Betteltouren. Obendrüber, zwischen baufälligen Fassaden und halbierten Wohnungen, stöberten Kinder nach Rohstoffen, um sich mit Metallteilen, Leitungsrohren, Kupferkabeln, Sanitärinstallationen ein bisserl was auf den schwarzen Märkten zu verdienen.

Beim Wühlen im Schutt stießen diese Trümmerkinder nahezu stündlich auf nicht explodierte Bomben jeglichen Kalibers, Blindgänger-Handgranaten, Infanterie-, Gewehr- und Pistolenmunition. Allüberall gingen Blindgänger in die Luft – kaum ein Tag verging, an dem die Zeitungen nicht von Verstümmelungen, Verbrennungen, Toten berichteten.

Dass Frankfurter Mädchen und Buben im wahrsten Sinne des Wortes mit dem Tod spielten, passierte meist nach Schulschluss und irgendwie auch „gezwungenermaßen“. 75 Prozent ihrer Elternhäuser sind nämlich zerstört, die Kinder müssen vor die Tür. Auch in den Schulen können sie nicht bleiben, da von den insgesamt 116 Lehr- und Lernstätten in Frankfurt laut Statistik 26 vollständig zerstört, 47 „auf lange Zeit unbrauchbar“ und 38 „nur nach Reparaturen benutzbar“ sind. Die fünf „unbeschädigt“ verbliebenen Schulgebäude sind ge- und versperrt, da von den Amis beschlagnahmt.

Viele der Kinder, die nach der letzten Stunde draußen bleiben müssen auf den Straßen und in den Trümmerlandschaften der Stadt, schließen sich zu Straßenbanden und Stadtteilgangs zusammen. Spielen Krieg und Abenteuer, buddeln „Schützengräben“, lösen „Bombenalarm“ aus, treffen sich zu „Bodenkämpfen“, starten „Späh- und Suchtrupps“. Denn, so schreibt der Zeitzeuge Klaus Walch in seinen Jugenderinnerungen, „in den Trümmern ließen sich interessante Dinge finden, nicht zuletzt Menschenknochen von unglücklichen Bombenopfern, die nicht geborgen worden und in den Trümmern verwest waren.“

Dass uns die Eltern von all dem ferngehalten haben, erscheint nur logisch. Es wäre ja wohl von seltener, makabrer Tragik gewesen, wenn Hella und ich, die ein KZ überlebt hatten, jetzt Opfer von Blindgängern der Alliierten geworden wären . . .

„Kind, lass es ruhen!“

Für uns, die wir aus der Hölle von Theresienstadt in das unwirtliche, versteppte, pulverisierte Nachkriegs-Frankfurt kamen, gab es keine – wie auch immer geartete – psychologische oder psychosoziale Betreuung. Wir mussten mit all unseren Sorgen und Nöten, Ängsten und Alpträumen selbst fertig werden. Keiner von der Regierung, keine offiziell-amtliche Institution kümmerte sich gezielt und systematisch um heimgekehrte Holocaust-Überlebende wie uns „Mischlingskinder“.

An zwei, allerdings mehr beschäftigungstherapeutische-freizeitmäßige Initiativen kann ich mich jedoch erinnern. So hat über die Jüdische Gemeinde eine amerikanische Gruppe Puzzlespiele für uns in einem mir damals riesig vorkommenden Saal im Westend, in der Elsa-Brändström-Straße, veranstaltet. Wir konnten dort auch malen, haben manchmal was zu essen bekommen und wurden zu Ausflügen in den Taunus eingeladen.

Eingeladen waren wir auch einige Male im „Homburger Hof“ in Eckenheim. Da gab es für Kinder, die aus dem Krieg kamen, Kaffeeklatsch und Päckchen-Aktionen.

Ich konnte mich, was die Verarbeitung unserer traumatischen Theresienstädter Erlebnisse und Erfahrungen anging, eigentlich nur mit Hella austauschen. Wobei meine Schwester anfangs noch wie von Furien gehetzt war. Theresienstadt verfolgte sie in all ihren Träumen. Tagsüber hatte sie manchmal Angstzustände und Panikattacken, wurde auch einmal dabei ohnmächtig.

Ich habe unsere Eltern in dieser Zeit beide als sehr starke, ja geradezu unbeugsame Persönlichkeiten erlebt. Meine Mutter, die aus sehr einfachen Verhältnissen kam, hätte das alles – Vater mit den Mädchen im KZ, sie selbst schwanger und daheim allein – ja auch nicht schaffen können, wenn sie nicht so stark gewesen wäre. Auf alle drängenden Fragen, die wir hatten, reagierte sie mit einem „Kind, es ist in Ordnung!“ Und auch Vater, dem ich mit der Frage „Papa, hast Du nachts in Dein Kopfkissen geweint, als wir in Theresienstadt waren?“ zusetzte, antwortete: „Kind, lass es ruhen!“ Beide schärften uns immer und immer wieder ein: „Es geht jetzt das normale Leben weiter. Ihr geht in die Schule, ihr macht euern Beruf.“

Starke, unbeugsame Persönlichkeit: Ediths Mutter Susanna Bär

Lehrerin Laufenberg: „Sie war einfach alles!“

Eines Tages sagte mein Vater: „Du musst in die Schule!“ Ich rastete aus. Allein das Wort Schule war für mich der blanke Horror. Als ich sechs Jahre alt war im Ostend, durfte ich als „Mischling“ ja nicht in die Schule – es war etwas für mich Verbotenes. Und etwas „Verbotenes“ war der illegale, sogenannte „Unterricht“ in Theresienstadt ja auch – noch dazu von der dauernden Drohung begleitet, ich, die „Klaa“, würde von meiner Schwester Hella getrennt, käme „zu den Babys“, wenn ich nicht fleißig lernen und Leistung zeigen würde. Aber ich konnte doch buchstäblich nichts, kein Alphabet, kein Einmaleins, kein Lesen, kein Schreiben, kein Rechnen – nur die Uhr hatte ich drauf. Ich musste in Theresienstadt simulieren, so tun als ob . . .

Und jetzt wollte Vater mich wieder solch einer Katastrophe aussetzen! Ich dachte: „Oh Gott, jetzt fängt das wieder an. Ich muss so lernen wie in Theresienstadt!“

Ich widersprach also meinem Vater und diskutierte mit ihm: „Ich will das nicht!“ Das war kein Grund für ihn. „Das ist ganz anders und ganz etwas anderes als in Theresienstadt. Du musst doch was lernen, um nicht dumm zu bleiben!“ Ich dachte: „Oh Gott, was kommt jetzt wieder auf mich zu.“ Das einzige, was ich konnte, war ja, wie gesagt, die Uhr.

So wurden wir denn 1946 in Eckenheim in der Münzenberger-Schule eingeschult. In meinem Schulzeugnis steht merkwürdigerweise, dass ich

Ostern 1945 eingeschult worden sei – aber da war ich noch in Theresienstadt.

Ich war acht Jahre alt und kam in die erste Klasse. Mein ganzes Schulleben durch war ich zwei Jahre älter als meine Mitschülerinnen.

Der Rektor wusste über Hella und mich Bescheid. Er hat uns toll aufgenommen und hat uns eine ganz tolle Klassenlehrerin zugeteilt: das Fräulein Laufenberg. SIE wusste, dass ich aus dem Lager kam, verstand meine Ängste. SIE hat uns da einfach mitgenommen, wo wir standen. Hat uns aufgebaut. SIE war Psychologin, SIE war Therapeutin, SIE war eigentlich alles. Ich habe ihr unendlich viel zu verdanken: SIE hat mich nach und nach an den Schulalltag gewöhnt und in die Klasse integriert.

Edith Bär 1947 – sie geht in die zweite Schulklasse

Das war zu Beginn mit mir so leicht nicht. Mein Schulweg war sehr weit. Er führte an freien Obst- und Gemüsefeldern vorbei. Da fuhr kein Bus, keine Straßenbahn, nichts. Man musste alles laufen.

Da ich immer noch keine Lust auf die Schule hatte, bin ich überall herumspaziert, bis ich dachte: So, jetzt kannst Du für eine oder ein halbes Stündchen oder so in die Schule gehen und dann ist es gut. Ich kam dann einfach zu spät und ging, wenn mir danach war.

Manchmal kam ich erst gar nicht – wie das eine Mal, als ich die Idee mit dem „Fliegenden Robert" hatte: Ich spanne meinen Schirm auf und fliege wie der Fliegende Robert einfach davon. Weg von allem! Aber so einfach war das alles nicht, denn das Resultat waren schmutzige Schuhe und Kleidung und am Abend eine große Auseinandersetzung mit Mama und Papa.

Als ich am anderen Tag in die Klasse kam, hat meine Lehrerin nichts gesagt über mein Fehlen am Tag zuvor und sich noch gefreut, dass ich kam. Überhaupt: Sie hat mich nie getadelt, sich nie bei meinen Eltern über mich beklagt. Was sie meinen Klassenkameradinnen darüber erzählt hat, warum ich in den ersten Wochen immer zu spät kam, weiß ich nicht. Jedenfalls hat keine gemault, warum ich das denn dürfe. Es bleibt ihr Geheimnis.

Diese liebevolle, verständnisvolle, vertrauensvolle Pädagogik zeigte Wirkung. Heimlich habe ich zu Hause mehr schlecht als recht das geübt und zusammengestümpert, was in der Klasse im Moment gelernt wurde. Ich zeigte es mal dem Fräulein Laufenberg, und sie sagte zu mir, es sei ganz toll und richtig und ich soll so weitermachen.

Ich bezweifle bis heute, ob es gestimmt hat, was ich da geschrieben habe. Aber so hatte sie wenigstens meinen Ehrgeiz geweckt.

Auch Vater hat mich konstruktiv unterstützt. Wenn ich in der Schule mal einen Tag gefehlt oder gar geschwänzt hatte, war von ihm nur zu hören: „Den Anschluss schaffst du!" Und als ich eine schlechte Note nach Hause brachte, hieß es: „Ist doch net schlimm! Das holst du wieder auf!"

Fortan ging ich regelmäßig zur Schule. Ich konnte aber zunächst am Religionsunterricht nicht teilnehmen, weil ich ja Jüdin war. Ich fühlte mich dadurch von der Klassengemeinschaft, an der mir sehr viel lag, ausgeschlossen. Meine Lehrerin schlug mir zunächst vor, dass ich während des Reli-Unterrichts meine Hausaufgaben machen sollte. Das gefiel mir auch nicht, ich wollte integriert sein. Dann machte sie mir den Vorschlag, dass ich im Unterricht über die jüdische Religion, die Sitten, die Feste erzählen sollte. Damit waren auch meine Eltern einverstanden. Noten für das Fach Religion bekam ich allerdings nie.

Die Schule ist aus: Edith Bär (3. v. r.) mit ihrer Abschlussklasse 1954

Auch für Hella war Fräulein Laufenberg ein Segen. Sie setzte meine Schwester einfach zu Melanie und Oliv, den beiden Besten in ihrer Klasse. Die wurden ihr regelrecht als Mentorinnen zugeordnet. „Ihr nehmt die Hella mit!"

Hella und ich haben dann später unsere Lehrerin mehr oder weniger „mitgenommen". Und das kam so: Familie Bär zog um nach Bornheim – ins ehemalige Gagernkrankenhaus, Gagernstraße 36, wo die Jüdische Gemeinde in den noch vorhandenen Gebäuden Wohnungen für Leute wie uns, die aus dem KZ kamen, einrichten ließ. Oma wohnte schon dort, quasi ums Eck, im Rundbau, der schon kurz nach dem Krieg als jüdisches Altenwohn- und -Pflegeheim mit großen Zimmern ausgestaltet worden war. Für uns war das toll: Wir konnten über den Garten direkt zur Oma rüberlaufen.

Der Nachteil: Wir mussten die Schule wechseln, weg von Eckenheim und Fräulein Laufenberg nach Bornheim in die Linnéschule und später in die Wittelsbacher-Schule. Ich war sauer und traurig: „Verdammt schon wieder ein Wechsel, immer wieder etwas Neues – so kann es doch nicht weitergehen!" Doch Fräulein Laufenberg ging mit uns – sie wurde Rektorin in unserer neuen Bornheimer Schule. Und konnte sich weiter um uns kümmern!

Und Oma hat sich riesig gefreut, dass wir wieder in ihrer Nähe lebten. In ihrem Zimmer hat sie auch wieder für uns Enkel ihre tolle Suppe gekocht. Cousin Heinz, Hella und ich waren wieder alle versammelt wie früher und kamen auch an den jüdischen Festtagen und am Sabat zu ihr – und jetzt war auch das Brüderchen Norbert dabei. Ich habe es bis zu ihrem Tod – 1950 – genossen, die Zeit mit ihr zu verbringen.

Oma Paula ist auf dem jüdischen Friedhof an der Eckenheimer Landstraße beerdigt – dort ist eine Gedenkschrift für Opa zu lesen. Wenn ich heute Mut und Kraft brauche, dann gehe ich zu Oma ans Grab und erzähle ihr alles. Und dann geht es wieder.

Familie Bär wieder vereint: Vater Norbert, Edith, Oma Paula, Mutter Susanna, Brüderchen Norbert, Hella (v. l.)

Nach Omas Tod gingen die jüdischen Traditionen in der Familie nach und nach verloren. Da hatte auch die Umgebung ihren Einfluss drauf. Ich ging in eine christliche Schule, meine Freundinnen waren katholisch oder evangelisch.

Zu ihren Lebzeiten kochte meine Mutter meiner Großmutter und meinem Vater zuliebe viele jüdische Speisen, deren Zubereitung sie von der Großmutter gelernt hatte: gefillte Fisch, Mohnzöpfe und anderes. Das wurde nach Omas Tod mit der Zeit dann weniger.

Oma Paula, vom Ghetto Theresienstadt gezeichnet

In den ersten Jahren gingen meine Schwester und ich auch noch zum Religionsunterricht in die Jüdische Gemeinde, wir lernten auch Hebräisch. Auf Wunsch der Großmutter wurde mein kleiner Bruder auch noch beschnitten, obwohl er kurz nach seiner Geburt katholisch getauft worden war. Es war die Angst unserer Mutter, dass sich die Nazis den kleinen Norbert als „Juddebalsch" holen würden!

Meine Eltern haben das Miteinander von jüdischer und christlicher Religion gelebt. Meine Mutter blieb ihrem katholischen Glauben treu, und sie achtete den Glauben ihres Mannes, sie liebte ihren Mann sehr.

Meine Eltern ruhen auf einem christlichen Friedhof in Bornheim. Als sie starben, gab es auf dem jüdischen Friedhof noch nicht die Möglichkeit, dass jüdische und nichtjüdische Eheleute zusammen bestattet werden konnten. Das aber war immer beider Wunsch gewesen.

Wirtschaftswunderjahr 1955

Hella und ich haben unseren Schulabschluss gemacht, wir haben unsere Berufe erlernt. Hella wurde eine tolle Schneiderin, ich Industriekaufmann bei der Frankfurter Rundschau.

Wir hatten keine großen Schwierigkeiten, was zu finden. Sorgen, eine Lehrstelle zu kriegen oder einen Arbeitsplatz, brauchte man sich Mitte der 1950er-Jahre in Frankfurt nicht zu machen. Industrie, Handel und Gewerbe brummten – wie in den einschlägigen Wirtschaftsgeschichtsbüchern nachzulesen ist – und boten von 1946 an Zehntausenden Lohn und Brot. In die Produktion stiegen ein: die AEG, Voigt & Haeffner, die VDO Tachometer GmbH, Casella, Continental, Telefonbau & Normalzeit,

Siemens, Naxos, Lurgi, Messer. Die Belegschaft der Farbwerke Hoechst zählte im Jahr nach Kriegsende schon 6000 Köpfe, 1954 sind es doppelt so viel. Der Neckermann-Versand legte 1950 an der Hanauer Landstraße los und stellte gleich 1000 Männer und Frauen ein. Bürohochhäuser schießen hoch und werden bezogen: 1952 die von AEG und Degussa, Frankfurter Volksbank, Bayer und das der „1822er" an der Konstabler; zwischen 1957 und 1960 am Opernplatz das Zürich-Hochhaus.

In Sachsenhausen braut Henninger schon im 1946er-Jahr wieder Bier, stellt als erstes in der BRD anno 1951 Dosenbier her, baut riesige Abfüllanlagen, erreicht 1960 einen Tagesausstoß von 1,8 Millionen Flaschen.

Im Jahr 1955 herrschte mit einer Arbeitslosenquote von gerade mal 1,7 Prozent richtiggehend Vollbeschäftigung in Frankfurt.

Für meine Schwester Hella war das ein gewichtiges Jahr: Sie heiratete ihren Walter. Sie war sechs Jahre in die Schule gegangen, hatte von 1951 an eine Schneiderlehre absolviert und bei der Gesellenprüfung als Landesbeste abgeschnitten. 1963 ist sie mit ihrem Mann, einem gelernten Autoschlosser, ins Tankstellengewerbe umgestiegen und hat binnen 30 Jahren an fünf Standorten im Stadtgebiet Benzin und all das, was es an einer Tanke so gibt, verkauft, Autowaschanlagen betrieben, KfZ-Service gemacht.

Für mich war dieses Frankfurter Wirtschaftswunderjahr 1955 von ähnlicher Bedeutung. Ich hatte die ersten zwölf Monate als Lehrling bei der „Frankfurter Rundschau" überstanden und war auf einem guten Weg, die Lehre als Industrie*kaufmann* („-frau" kam als Berufsbezeichnung in den Ausbildungsstatuten nicht vor!) zu meistern.

Kapitel 7

„Ich hab' das Lachen nicht verlernt!"
Frankfurt 1954–1962: Edith Erbrichs Lehr- und Jugendjahre

„Wollte nicht ausgegrenzt werden"

Bei einem Klassentreffen, das gut ein halbes Jahrhundert später stattfand, nachdem wir unsere Abgangszeugnisse erhalten hatten, glaubte ich: Die erkennen mich gleich wieder. Das liegt bestimmt an meiner Behinderung, dass die gleich wissen, dass ich die Edith bin. Mein Handikap an den Händen – das ist ja nun mal ein Kennzeichen, das sich einprägt und das man nicht so schnell vergisst.

Stimmte aber nicht. „Deine Behinderung ist uns nie so recht aufgefallen", bekomme ich ein und das andre Mal zu hören, „es ist aufgefallen, dass du immer gelacht hast."

Und dann sprudeln sie los. DU warst immer vorneweg und immer dabei, wenn was los war. Du warst für jeden Blödsinn zu haben, hast jeden Blödsinn mitgemacht und auch jede Menge Streiche angezettelt und ausgeheckt.

Ich hatte also trotz Deportation, KZ-Quälerei und all die Schrecken und Strapazen bei unserer Heimkehr nach Frankfurt das Lachen nicht verlernt!

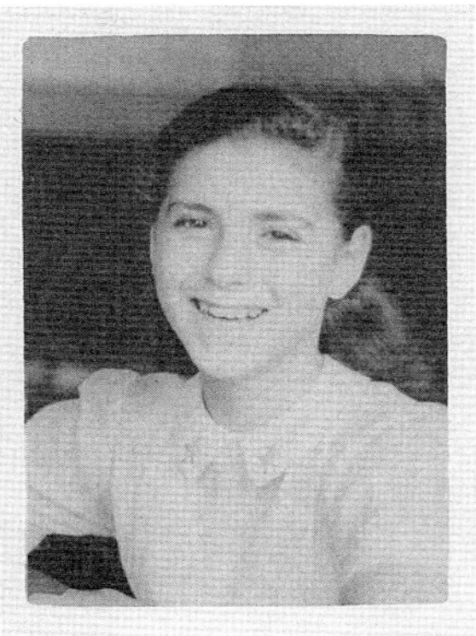

Hat immer gelacht; die Schülerin Edith Erbrich

Das habe ich übrigens schriftlich bekommen und ist gut dokumentiert. Bei Durchsicht meiner alten, vergilbten Schulzeugnisse stelle ich fest: Alle meine Fachnoten sind okay, meistens habe ich eine zwei („gut") gekriegt. Allerdings bei den Kopfnoten, insbesondere bei der Zensur für „Aufmerksamkeit", geht's richtig runter auf eine drei („befriedigend"), vier („ausreichend") oder fünf („mangelhaft").

Vater ist da jedesmal fast ausgeflippt. Er ist dann in die Schule gerannt und hat gefragt: „Was ist da los?" Da hat er dann von den Lehrern die Einträge in den Klassenbüchern gezeigt gekriegt und Antworten bekommen wie „Edith hat gelacht", „Edith hat während der Stunde gegessen", „Edith hat nur wieder mal Blödsinn im Kopf gehabt", „Edith hat beim Kochunterricht Teig in den Papierkorb geschmissen", „Edith hat beim Handarbeitsunterricht nur Unsinn gehäkelt und Witze gerissen".

Ich war also wohl ein verrücktes Huhn und ein fröhlicher, quirliger, geselliger Backfisch. Immer aufgeschlossen, immer kontaktfreudig. Eine, die nicht ausgegrenzt werden wollte (und auch nicht wurde) und die es offensichtlich gut mit jungen Menschen konnte.

Mein Berufswunsch war deshalb Kindergärtnerin gewesen, aber meine Mutter meinte, es wäre kein so guter Beruf für mich, ich sollte lieber ins Büro. Es war früher halt so, dass man auf die Eltern gehört hat und dem gefolgt ist, was sie uns geraten haben. Heute meinen viele, ich wäre eine gute Kindergärtnerin geworden, weil ich gut mit Kindern umgehen könnte. Vorbei!

Es war immer was los

Ich begann dann 1954 eine Lehre als Industriekaufmann bei der „Frankfurter Rundschau". Zu meiner Zeit waren, wie gesagt, die Berufsbezeichnungen nur auf Männer ausgelegt – aber was soll's? Ich habe mich auch so durchgesetzt.

Mauserte mich schon zu einer Großstadtpflanze – ein Frankfurter Schlippche mit großer Klappe und ohne Angst vor großen Tieren, allzeit bereit fürs „Uze und Schenne", für Schabernack und Streiche. Immer mit von der Partie, wenn's uff die Gass' ging und um-die-Häuser-ziehen.

Es wurde viel gelacht – ja auch während meiner Lehrzeit habe ich das Lachen nicht verlernt.

Der Tageszeitungsbetrieb mit all seiner munteren Hektik, dem produktiven Chaos, dem locker-derben Umgangston – der war gerade das Richtige für mich. Mit den Druckern und den Setzern habe ich gerne mal einen draufgemacht, nach dem Umbruch im „Werk 3" (der Tarnname für die Kneipe im „Rundschau"-Haus) schon mal einen gehoben. Bin gegautscht worden. Habe Feten in der Druckerei mitgefeiert und mir dabei mein geblümtes Dirndl mit Druckerschwärze versaut, das ich mir in einem sauteuren Trachtenladen gegenüber dem „Frankfurter Hof" gekauft hatte für – was für eine Verrücktheit! – sage und schreibe 400 Mark, die ich mir Pfennig für Pfennig Woche um Woche zusammengespart hatte. Bin auch abends schon mal mit Technikern, die ein Auto hatten, nach Bad Nauheim zum Eishockey gefahren und dabei zu spät heimgekommen. Meine Mutter hatte zwar angeordnet „Du bist um 22 Uhr zu Hause!", aber ich habe mich ziemlich oft verspätet. War mir auch wurscht, gemäß der Devise: „Die Mama kreischt um elf genauso wie um zwölf!"

Aber auch tagsüber war immer was los, gab es immer etwas Neues. Jeder Tag war spannend in diesem Frankfurt der 1950er- und frühen 1960er-Jahre. Für die „Rundschau"-Reporter, meine „Kollegen" wenn man so will, lagen die Geschichten buchstäblich auf der Straße, spielten sich vor ihren Augen ab – man musste sie nur aufheben. Frankfurt war so etwas wie der Nabel der westdeutschen Welt – hier ging es richtig ab im sogenannten Wirtschaftswunderland. Das total zerstörte Messegelände war zwischen 1946 und 1948 wieder hergerichtet worden, von da an liefen die Messen wieder, die erste Buchmesse schon 1949. Der Flughafen war für Zivilflieger 1947 in die Gänge gebracht, eine zweite Startbahn 1949 betoniert worden – von Stund' an flogen zehn Fluggesellschaften den Airport an. Bürohochhäuser – die ersten hierzulande – schießen hoch und liefern vor allem im Jahre 1952 Stoff für jede Menge Zeitungsstorys. Da werden die „Wolkenkratzer" von AEG, Degussa, Frankfurter Volksbank, Bayer und das der „1822er" an der Konstabler bezogen.

Immer mittendrin: Edith Bärs Ausbildungsstätte, das „Rundschau"-Haus

Und draußen vor der „Rundschau“-Tür im Bereich Römer/Zeil/Hauptwache/Eschenheimer Tor ging die Post ab – nicht nur für die Zeitungsmenschen. Da gab es täglich, manchmal stündlich was Neues zu sehen und zu gucke. Und ich immer mittendrin. Das war schon während meiner letzten Schuljahre so: der Römer 1951 wieder in Betrieb, der Kaiserdom 1953 restauriert, die Alt- und Innenstadt südlich von Hauptwache und Zeil wird von 1952 auf 3,4 Hektar wieder aufgebaut.

Der Kaufhof war schon 1951 fertig geworden, das Bienenkorb-Haus, das Volksbildungsheim, das Rundschauhaus 1953 in Betrieb genommen.

Ich kam also 1954 in einen Neubau. Nebendran wurde seit zwei Jahren das Fernmeldehochhaus hochgezogen. Es wurde in meinem zweiten Lehrjahr fertiggestellt (1956) ebenso wie das Parkhaus Hauptwache, das erste in der Bundesrepublik überhaupt. Ich kann mich noch gut an die Einweihungsfeiern erinnern – und auch an die riesigen Straßenbaustellen dieser Jahre. Da wurden ja regelrecht Breschen und Schneisen durch die Alt- und Innenstadt geschlagen und asphaltiert: 1953/54 die Berliner Straße als Ost-West-Achse und die Kurt-Schumacher-Straße als Nord-Süd-Achse.

Der Willi vom Postscheckamt

Im letzten Lehrjahr lernte ich meinen zukünftigen Mann kennen.

Ich machte da gerade Lehrlings-Station im Lohnbüro der FR. Musste Zahlkarten (wer weiß denn heute noch, was das ist?) ausfüllen und dann zur nächsten Post bringen – das war damals ums Eck das Postscheckamt in die Stephanstraße.

Der Ablauf war eingespielt. Ich gehe zum Einzahlungsschalter, liefere die Zahlkarten ab, zahle dafür und kriege das quittiert, indem der Mann am Schalter eine Briefmarke draufklebt. Doch diesmal klebt der Kerl einfach keine Briefmarke druff. Ich schnauze ihn an: „Mir das Geld abnemme, aber kaa Marke druff! Da muss noch aaa druff!“ Der Typ ist sowas von unfreundlich und blafft mich an: „Muss net! Das geht jetzt alles automatisch!“ Das stimmte – es war, was ich nicht wusste und mir auch keiner gesagt hatte, der erste Tag, an dem das Zahlkarten-Wesen auf „ohne Briefmarken“ umgestellt wurde.

Trotzdem war ich stinksauer und habe im „Rundschau“-Lohnbüro lamentiert: „Ich zahl’ nix mehr ein! So einen unfreundlichen Typen habe ich ja noch nie erlebt!“

Ein paar Tage später beschwatzt mich eine Freundin, die auch in der Gagernstraße wohnt, mit mir abends ins „Posthörnchen“ zu gehen – das war eine kleine Bierkneipe, direkt im „Rundschauhaus". Der Grund: Die Freundin hatte ein Techtelmechtel mit dem Wirt und brauchte mich quasi als Alibi und Anstandswauwau.

Die Freundin verschwindet dann mit dem Wirt, und ich hocke allein da rum. Auf einmal steht ein Likör vor mir. „Ich hab' keinen bestellt!" „Das war der junge Mann da!" Da saß das Ekel vom Postscheckamt, der, den alle rund ums Rundschauhaus nur den „Willi vom Postscheckamt" nannten. Ich habe den Likör getrunken, dem Willi einen falschen Namen und eine falsche Adresse angegeben und bin mit der Tram dann erst in eine falsche Richtung gefahren, damit der meine Schwindelei nicht merkt. Ich hatte immer noch eine Riesenwut, weil der so unfreundlich gewesen war, und wollte mit dem nichts zu tun haben.

Der aber mit mir. Er blieb hartnäckig, hängte sich an meine Freundin und quetschte die aus – und die hat mich dann mit meinem Namen und meiner Lehrstelle und meiner Durchwahlnummer verraten. Und so bekam ich eines Tages einen Anruf ins „Rundschau"-Lohnbüro. „Edith, Telefon!" Ich gehe widerwillig ran, denn ich weiß: Privatgespräche sind hier im Hause nicht gern gesehen. Am andern Ende der Strippe meldet sich einer, mit dem ich nun gar nicht gerechnet hatte und der mich auch so richtig in Verlegenheit bringt: „Hier ist der Willi vom Postscheckamt!" Der wollte ein Rendezvous und setzte mich damit gehörig unter Druck, denn – wie gesagt – Privattelefonate waren im Geschäft eigentlich tabu, durften jedenfalls nicht allzu lange geführt werden. Alle starrten mich denn auch so richtig an und spitzten die Ohren. Damit ich meine Ruhe hatte, habe ich mich mit ihm dann in einer Kneipe am Dom verabredet.

Da hat sich das dann ergeben. Es hat gefunkt, wir wurden 1957 ein Paar, wir sind miteinander gegangen. Willi Erbrich wohnte bei einer Tante in der Falkstraße 92 in der „freien Republik Bockenheim", ich bei meinen Eltern im „lustigen Dorf Bornheim".

Wir sind, ehe wir dann geheiratet haben, fünf Jahre miteinander gegangen. Mit dem Willi war es immer sehr lustig, ich habe viel gelacht mit meinem Mann.

Wir sind schwofen gegangen und haben eine heiße Sohle getanzt, meist im Tanzlokal am Eschenheimer Tor überm Kino oder im Café Bader am Bernemer Uhrtürmchen. Wir sind die Kino-Meile runter von Seckbach in der Berger Straße lang – da gab es damals drei Kinos – und haben Filme in Serie geschaut. Im Sommer waren wir Stammgast im Brentanobad, ich hatte in Schwimmen immerhin eine Eins.

Lachende Edith (rechts) auf einem Markt im Süden

An Wochenenden waren wir fast immer in Cliquen unterwegs – so eine Korona von fünf Leuten. Wir hatten natürlich mitnichten die Taschen voller Geld, um ständig in die Kneipe gehen zu können. Wir sind dann halt spazieren gegangen. Haben uns mit Freunden getroffen. Sind auf die Bude von einer Freundin gerückt, die ein Zimmer für sich und tolerante Eltern hatte, haben vorher was zu trinken und Zigaretten geholt und dann gepichelt und geraucht.

Willi und ich hatten einen ziemlichen Sportfimmel. Egal, wo ich bin – und das gilt heute noch –, ich lese zuerst den Sportteil in der Zeitung. Er hat selbst gekickt, aber wir haben natürlich auch zusammen viel Fußball geguckt auf dem Platz oder in der Glotze – auch zusammen mit meinem Vater, der ein Fan vom FSV Frankfurt war. Das gab dann immer heftige Diskussionen zwischen uns dreien: Ob das ein Foul oder eine Schwalbe war, ob das Abseits war oder korrekt, was für einen Stiefel die Eintracht mal wieder zusammengebolzt hat. Ich war und bin Anhänger

Camping am Gardasee (v. l.): Willi, Hella und Edith

von Borussia Dortmund – auch das gab oft Anlass für Diskussionen und Fachsimpeleien.

Ab und zu waren wir zelten, machten Camping-Urlaub mit meiner Schwester Hella und meinem Schwager Walter am Gardasee und anderswo. Wir hatten da viel Spaß miteinander in fröhlicher Zeltgemeinschaft. Willi und ich konnten uns da auch unbeschwert in einem Wigwam eine Luftmatratze und einen Schlafsack teilen – was meiner gestrengen Mutter, die sowas ahnte und sich auch angesichts der Urlaubsfotos leicht zusammenreimen konnte, überhaupt nicht recht gewesen ist.

Mich hat das nicht weiter gestört. Wir wollten ja ohnehin bald heiraten.

Kapitel 8

„Die Nazis haben es nicht geschafft"
1963–2004: Schweigen in Langen und Frankfurt

Angst vorm zweiten Holocaust

Also heiraten die beiden, und zwar zweimal in exakt einjährigem Abstand. Zunächst standesamtlich im Römer am 9. Februar 1962. Und dann kirchlich am 9. Februar 1963, und zwar in einem christlichen (!) Gotteshaus – dem der evangelischen Gemeinde von Eschersheim. Bevor sie mit ihrem Willi vor den Altar schreitet, tritt sie allerdings aus der Jüdischen Gemeinde aus.

Warum das? Edith hat das Gefühl: „Ich bin schwanger!" Und sie hat sich in den Kopf gesetzt und setzt das auch durch: Unser Kind soll auf gar keinen Fall jüdisch sein! Es soll die christliche Taufe erhalten!

Deshalb verlässt sie die Jüdische Gemeinde und gibt ihrem standesamtlich angetrauten Gatten auch noch in einer protestantischen Kirche das Jawort.

Ihren Übertritt zum Christentum begründet sie mit der diffusen Angst, dass die Nazis wiederkommen könnten und dass die sich dann ihr Kind greifen und, weil jüdisch, umbringen. „Ich will dieses Kind retten!", sagt sie – und erntet Verständnis und Erstaunen zugleich. Der fünf Jahre ältere Willi, mittlerweile von Beruf Fernmeldeassistent, redet auf seine 25-jährige Braut ein: Der Nazi-Spuk ist vorbei, lass es wie es ist. Und der evangelische Pfarrer, der die Trauung schließlich vollzieht, sekundiert: „Das mit den Nazis kommt doch nicht mehr."

Doch dergleichen Überzeugungsarbeit fruchtet nichts. Das mag auch damit zu tun haben, dass der Eichmann-Prozess in Israel, wo die seinerzeit in letzter Minute nach Argentinien emigrierte Tante Fanny mittlerweile lebt, just zu Ende gegangen und Eichmann in der Nacht zum 1. Juni 1962 hingerichtet worden ist. Dieser Eichmann hatte unerkannt jahrelang in Tante Fannys Nähe bei Buenos Aires gewohnt, und ihn, diesen Eichmann, haben Hella und Edith am 5. März 1945 in Theresienstadt in ihrer Nähe und regelrecht vor Augen gehabt, als er das KZ für die „Präsentation" vor der Rotkreuz-Delegation inspizierte.

Ein Zweites liegt sozusagen „in der Luft", als Edith und Willi ihre Hochzeitsvorbereitungen treffen: Seit Ende der 1950er-Jahre laufen bei der von Fritz Bauer geführten Generalstaatsanwaltschaft die Ermittlungen für den großen Auschwitz-Prozess in Frankfurt. 200 Zeugen aus aller Herren

Länder werden geladen, 22 SS-Männer aufgespürt und angeklagt. 200 Journalisten reisen an und berichten über das Verfahren, das von Dezember 1963 bis August 1965 dauert. Doch auch die Medienberichterstattung vorab, allen voran die der „Frankfurter Rundschau“, ist enorm. „Ich will die Deutschen zum Hinsehen zwingen“, hat Fritz Bauer als Ziel ausgegeben. Und das gelingt: Der Prozess dominiert die Schlagzeilen und beherrscht das Stadtgespräch in Frankfurt. Dass Edith, die der Vergasung in Auschwitz nur mit knapper Not entronnen ist, von all dem nichts mitbekommt, ist ausgeschlossen. Sie arbeitet bis 1965 in der „Frankfurter Rundschau“. Ihre 1962 aufkeimenden Ängste, dass ihr Kind einem zweiten Holocaust zum Opfer fallen könnte, dürften nicht geringer geworden sein in dem Druck- und Verlagshaus, dessen Redakteure täglich und ausführlich vom Auschwitz-Prozess berichten.

9. Februar 1962: Edith und Willi sind standesamtlich getraut

Es stellt sich dann zwar heraus, dass das mit der Schwangerschaft ein falscher Alarm gewesen ist. Das junge Paar ist aber bereits in eigene vier Wände gezogen – zunächst in eine Mini-Wohnung nach Eschersheim, um sich von dort aus um die Zuteilung einer größeren, für „junge Familien“ bestimmte, mit öffentlichen Mitteln geförderte Wohnung zu bewerben.

Bis es klappt, vergeht ein Jahr. Dann, im Frühjahr 1963, ziehen Edith und Willi Erbrich nach Langen in die neu erbaute Wohnstadt Oberlinden.

„Frankfurter Schlippche" in der Pampa

„Ich wusste vorher noch nicht einmal, wo Langen liegt", erinnert sie sich. „Hätte mir seinerzeit, Anfang der 1960er-Jahre, jemand gesagt, dass ich hier über 50 Jahre wohnen werde, hätte ich bestimmt gesagt: ‚Von was träumst du nachts!?' Eine gottverlassene Gegend war das damals, dieses Oberlinden. Man konnte mit dem Auto bis vor die Haustür fahren. Kein Baum, kein Strauch, keine richtigen Einkaufsmöglichkeiten. Busse fuhren spärlich, die Brücke über die Bahn war noch nicht gebaut – das passierte erst 1969. Die Schranken fast immer unten, der Stadtteil ziemlich abgehängt. Man musste pünktlich sein, sonst waren die Schranken unten und der Zug war weg. Im Winter war das alles andere als angenehm. Schrecklich für mich als Frankfurter Schlippche."

Die Neubürgerin Edith Erbrich bestätigte mit ihrem Lamento das, was etliche Langener Kommunal- und Stammtischpolitiker seit den 1950er-Jahren befürchteten, als die Debatten über Planung und Bau einer neuen Wohnstadt im Südwesten der Gemarkung begannen. Die Gegner dieser auf 1580 Wohnungen (darunter 911 Eigenheime) und 6000 Bewohner ausgelegten Siedlung argumentierten, dass die „Trabantenstädter" als „Eigeplackte" und „Hergeloffene" ihre Bleiben nur „hauptsächlich zum Wohnen und Schlafen nutzen" würden und im übrigen am Gemeindeleben „keinen Anteil" nähmen. Auch verwiesen die Sozialdemokraten, die im Rathaus und Ortsparlament das Sagen hatten, auf einen SPD-Grundsatzbeschluss, das bebaute Langener Stadtgebiet nicht nach Westen auszudehnen und auf gar keinen Fall jenseits der Bahnlinie neue Quartiere hochzuziehen, die den Stadtsäckel mit hohen Kosten für Erschließung, Umlegung und Infrastruktur belasten würden.

Dass dann doch die gemeinnützigen Frankfurter Wohnbauunternehmen Nassauische Siedlungsgesellschaft (NSG) und Nassauische Heimstätte (NH) zum Zuge kamen und ein 63 Hektar großes Waldgebiet zwischen Mörfelder Landstraße, Lohschneise (später: Berliner Allee) und Kreisstraße 168 roden und für 115 Millionen Mark mit Gebäuden bestücken konnten, war unter anderem einem Deal mit den Langener Verwaltungsoberen geschuldet, mit dem die grassierende Wohnungsnot im Städtchen und das lokale Flüchtlingsproblem – in Langen entstand das größte Landesflüchtlingslager in Hessen – nachhaltig gemildert werden konnte. Das städtische

Wohnungsamt bekam nämlich weitgehende Vorschlags- und Belegungsrechte für gut 200 Sozialwohnungen in den Blöcken am Forstring und „Im Ginsterbusch“ und für die 183 Siedlerstellen in der Oberlindener Nebenerwerbssiedlung.

Mit der NE-Siedlung – dem Nebenerwerbsquartier – hatte es folgende Bewandtnis: In Oberlinden sollten – so der Flächennutzungsplan – halt nicht nur Geschosswohnungen, Einfamilienhäuser, Bungalows, Blocks, freistehende Eigenheime, Zeilenbauten und fünf „Hochhäuser“ (vier hatten neun, eines 13 Geschosse) hochgezogen werden. Hier im tiefsten Süden der Wohnstadt, auf einem Areal zwischen „Ginsterbusch“, der Berliner Allee, dem Waldstadion-Komplex und dem Straßenzug Erfurter

Nun ist es so weit . . .

Am Montag Baubeginn für die neue Wohnstadt Am Wolfsgarten

Nach diesem Plan wird die neue Wohnstadt angelegt.
Im Grün des Waldes wohnt die Lebensfreude

Straße/Stettiner Straße wurde Platz reserviert und geschaffen für Eigenheime, die mit großen Nutzgärten-Flächen verbunden waren.

Für wen das Ganze? NSG-Geschäftsführer Stahly und der damalige hessische Minister für Landwirtschaft und Forsten, Gustav Hacker, nannten die Zielgruppe. Es gelte heimatvertriebenen, „früher selbständigen Bauern ein eigenes Heim und eigenes Stück Land“ für den Anbau von Obst und Gemüse zu geben, auf dass sie „fern ihrer Heimat ein neues Zuhause“ fänden und hier mit dem Gefühl Wurzeln schlügen, „wenigstens mit einem kleinen Stück deutschen Bodens wieder verbunden zu sein“.

Die markigen Sentenzen fielen beim ersten Spatenstich für die NE-Siedlung am 21. Dezember 1959. Anfang 1961 wählte man im Langener Rathaus die künftigen Siedlerfamilien aus: 78 aus dem Sudetenland, 28 aus Schlesien, 15 aus Ostpreußen, 14 aus der sowjetisch besetzten Zone (SBZ), jeweils neun aus Polen und Jugoslawien, acht aus Rumänien. Die insgesamt 440 Frauen und Männer konnten ihre Parzellen 1963 in Besitz nehmen.

Viele in Langen fanden das nicht gut, kritisierten den „bäuerlichen“ und „ländlich-sittlichen“ Charakter der NE-Siedlung. Rügten die Verbindung mit der als „hochmodern“ empfundenen Wohnstadt hinter vorgehaltener Hand schon mal als „widernatürliche Paarung“. Die „Synthese aus ländlicher Verbundenheit und moderner städtischer Lebensart“, die der spätere Langener Bürgermeister Hans Kreiling anläßlich des 25-Jahre-Jubiläums der „NE“ behauptete, schien nur den wenigsten geglückt.

Auch Edith Erbrich hatte als erklärtes Großstadtgeschöpf mit der „NE“, deren Start sie ja nun live und augenfällig miterlebte, nichts am Hut. Und schon gar nichts konnte sie anfangen mit dem Begrüßungs-Statement der Nassauischen Heimstätte, mit dem die NH 1963 die neuen Oberlindener willkommen hieß. „Die Neue Wohnstadt liegt verkehrsgünstig zu den Zentren des Wohnungsbedarfs, den Industrieschwerpunkten. Stadtfern und naturnah soll sich der arbeitende Mensch von der Hast des Alltags lösen.“

Von letzterem konnte nämlich am 15. März 1963, als Edith mit ihrem Willi den Möbelwagen vorm Postblock am Forstring 25 parkte, keine Rede sein. Wohl waren bereits im Januar 1961 die ersten Eigenheime und Mietwohnungen in der Trabantensiedlung bezogen worden, hatte man Mitte November den Richtkranz für die 1000. Wohnung hochgezogen – aber der dann zwei Wochen später einsetzende ungewöhnlich harte Winter 1962/63 bremste die Bautrupps aus und ließ den Zeitplan für die Einweihung der Gesamtanlage Makulatur werden. Es schneite nahezu ununterbrochen, es klirrte strenger Frost, erst Mitte März, just als die Erbrichs einzogen, konnte weitergebaut werden.

Langens schönstes „Kind" wächst und gedeiht

Richtkranz für die 1000. Wohnung in der Wohnstadt Oberlinden

Am Donnerstagnachmittag schwebte ein großer Richtkranz über einem Wohnblock in der Wohnstadt Oberlinden als Zeichen für die Richtfeier für die 1000. Wohnung, die seit dem ersten Spatenstich dort gebaut wurde bzw. im Bau begriffen ist. Zahlreiche Gäste hatten sich zu dieser Feierstunde eingefunden, darunter Regierungspräsident Dr. Wetzel, Landrat Heil, Bürgermeister Umbach sowie zahlreiche Vertreter des öffentlichen Lebens und viele derjenigen, die an der Bauvorhaben tätig waren und noch dort arbeiten.

Ein 115-Millionen-Projekt

Geschäftsführer Heinrich Möser von der Nassauischen Heimstätte Frankfurt a. M. führte aus, daß seit dem ersten Spatenstich schon fast drei Jahre vergangen seien und daß in etwa zwei Jahren die Wohnstadt fertiggestellt sein werde. Er ging auf die Vorgeschichte der neuen Wohnsiedlung ein und zeigte den Anwesenden auf, welche Schwierigkeiten zu überwinden waren, bis der Start zu Bauen frei war. In Oberlinden seien 1585 Wohnungen vorgesehen, unter denen sich 911 Eigenheime befänden.

Von den bisher fertiggestellten Wohnungen seien bereits 460 bezogen worden. Der Sprecher stellte dabei den hohen Anteil an Eigenheimen heraus, der den Charakter der Wohnstadt bestimme. Die Baugesellschaften, die dort bauen, seien sich darüber klar, daß auch der Stadt Langen von dem neugeschaffenen Wohnraum ein Anteil zustehe. Die Vormerklisten der Wohnungsuchenden müßten verkleinert werden, was zum Teil schon geschehen sei. Im Rahmen der Siedlung werde dafür gesorgt, daß auch diejenigen Menschen, die keine eigene Wohnung zu erwerben in der Lage seien, berücksichtigt würden.

Leider sei es nicht möglich gewesen, den ursprünglichen Baumbestand zu erhalten. Herr Möser versprach jedoch, daß man sich bemühen werde, soweit dies möglich sei, erneut Bäume anzupflanzen. Zunächst habe man alle Straßen gebaut und alle Versorgungsleitungen gelegt. Das habe viele Vorteile gehabt. Ein wesentlicher Fortschritt sei auch die zentrale Wärmeversorgung durch die Fernheizung. An die Stelle einer Vielzahl von Öfen mit ihrer lästigen Rauchentwicklung sei damit das Heizwerk an der Mörfelder Landstraße getreten. Dieses werde noch mit einem 40 Meter hohen Schornstein versehen, damit jede Rauchbelästigung unterbleibe. Der Gesamtfinanzaufwand nach Fertigstellung der gesamten Wohnstadt betrage etwa 115 000 000 Mark. In diesem Betrag seien die Kirchen, Schulen und andere öffentliche Gebäude noch nicht einbezogen.

Nach dem Bedürfnis des Einzelnen

Regierungspräsident Dr. Wetzel, Darmstadt, überbrachte die Grüße der Hessischen Landesregierung und des Innenministers Heinrich Schneider. Die Bedeutung der Wohnstadt, so sagte Dr. Wetzel, erschöpfe sich nicht in der Beseitigung der Wohnungsnot, sondern trete der unorganischen Entwicklung der Großstädte entgegen. Wohnungen müßten in einer gesunden Umgebung liegen. Die Siedlungsform müsse sich den Bedürfnissen des Menschen anpassen. Zur Zeit seien in Hessen 50 Wohnstädte im Bau oder in der Planung. Der Regierungspräsident stellte die Forderung der Hess. Landesregierung heraus, wonach jedem Bürger seine Wohnung gesichert werden müsse, die seinem Bedürfnis und den individuellen Möglichkeiten entspräche. Er dankte allen an dem Werk Beteiligten für diese großartige Aufbauleistung und wünschte den Familien Glück im neuen Heim.

Zu den Mitbürgern kein Wort

Der Stadtteil wirkte wie ein großes „Maulwurfshausen". Die dringend benötigte Albert-Schweitzer-Schule wurde erst im April fertig, die evangelische Kirche mit Gemeindezentrum folgte im Sommer. Für die Nahversorgung gab es 1963 noch keine Anlaufstelle. Die Erbrichs und mit ihnen der Rest von Oberlinden mussten drei Jahre zuwarten, ehe sie im EKZ am Farnweg einkaufen gehen konnten. Und weitere sechs Jahre dauerte es, bis – 1972 – das zweite kleine Einkaufszentrum an der Berliner Allee Eröffnung feierte.

Auch der anfängliche Trost, wenigstens in Frankfurt noch „ihre" Arbeitsstelle bei der „Rundschau" zu haben und dorthin aus der „Langener Pampa" fliehen zu können, hielt nur noch zwei Jahre. Nach elf Jahren gibt sie 1965 den Job auf – entnervt, denn sie fühlt sich als „ewiger Lehrling" ausgenutzt, der „immer dorthin gestoppt wird, wo gerade Not am Mann ist". Ehemann Willi hingegen behält seine Stelle bei der Post in Frankfurt.

Edith bleibt in Langen, fängt bei der Firma Dröll „im Büro" an.

Doch sie will immer noch weg aus Oberlinden. Vom ersten Tag an hatte sie ihren Mann angefleht: „Bitte such' uns wieder eine Wohnung in Frankfurt!" Der dachte nicht daran: „Mir gefällt es hier! Mich beerdigst Du hier mal!"

Gefallen fand Willi Erbrich vor allem am nahe glegenen Waldstadion am Ende der Berliner Allee, wo er – zusammen mit Edith – die Spiele des FC Langen besuchte. Seine Prophezeiung, dass er bis zu seinem Tode in Oberlinden wohnen bleiben werde, erfüllte sich auf makabre Weise. Ediths Ehemann starb am 12. März 1967 an einem – wie seine Witwe sagt – „Loch in der Lunge", vor dem auch die Spezialisten in der Frankfurter Uniklinik kapitulieren mussten. „Heute hätte man da was machen können, aber damals war man noch nicht so weit."

Willi ist auf dem Langener Friedhof begraben. Er war der einzige, mit dem sie in Langen über ihre Theresienstädter Zeit gesprochen hat. Sie sagt: „Ich habe geschwiegen während meiner Schulzeit und meiner Zeit bei der ‚Frankfurter Rundschau'. Bei allen meinen Arbeitgebern wussten nur die Personalchefs Bescheid. Die Kollegen hatten keine Ahnung. Zu meinen Langener Mitbürgern hatte ich jahrzehntelang keine Kontakte, habe auch keine Freundschaften geschlossen und mit keinem Langener zwischen 1963 und 2005 über meine Kindheit im Ostend und in Theresienstadt auch nur ein Wort gesprochen."

Dickkopf bei den Stadtwerken

Es war eine sehr schöne Zeit mit Willi, die ich nie vergessen werde. Aber sie war viel zu kurz. Um über das hinwegzukommen, habe ich mich in meiner freien Zeit im Sozialdienst engagiert und mich um alte Menschen gekümmert. Nach Feierabend bin ich dann noch zu meiner Schwester und meinem Schwager gegangen und habe denen bei dem Schriftkram, der bei ihren Tankstellen anfiel, geholfen: Abrechnungen und Buchhaltung gemacht – sowas halt.

Werktags und tagsüber musste ich mir weiterhin mein eigenes Geld verdienen. Das ging nur noch bis 1968/1969, dann meldete das Familienunternehmen Konkurs an. Von da an war ich wieder Auspendlerin, musste den beschwerlichen, nervigen, schlauchigen Weg nach Mainz zu einer neuen Arbeitsstelle auf mich nehmen.

Ich hatte bei der Firma Esbella, einem Lebensmittelkonzern, in der Buchhaltung/Kalkulation die Stelle einer Gruppenleiterin angenommen. Dem ging eine Einarbeitungszeit in Mutterstadt voraus. Jeden Tag die Strecke Langen–Mutterstadt–Langen, das war schon sehr anstrengend.

Das galt auch für den Weg nach Mainz, wo ja dann mein ständiger Arbeitsplatz war. Der war sehr beschwerlich mit Auto oder Bahn zu erreichen, denn so ausgebaute Straßen wie heute gab es damals noch nicht.

Im Winter bei Eis und Schnee, im Herbst bei dickem Nebel – da konnten es schon mal zwei Stunden werden, um gut ans Ziel zu kommen. Aber ich hatte tolle Chefs, denn sie verstanden es, wenn ich mal zu spät kam, da ich ja sonst immer da war, wenn Not am Mann war. Denn: Wir arbeiteten auch noch samstags.

Man wollte mir schließlich eine Wohnung in Mainz besorgen, um mir den langen Anfahrtsweg zu ersparen, aber das wollte ich nicht.

Da kam mein Vater auf die Idee: Warum gehst Du nicht zu den Stadtwerken Frankfurt?

Na, toll! Erstens wollte ich auf gar keinen Fall dort arbeiten, wo mein Vater arbeitete – wegen eventueller Vorteile oder so. Aber, na ja, er hatte nicht mehr lange bis zur Rente. Aber zweitens: Von der freien Wirtschaft zu einer Behörde wechseln – für mich unvorstellbar.

Ich dachte mir dann halt – ich bin nun mal so: Nehm' ich es halt als Sprungbrett, und suche mir von dort aus in Ruhe etwas anderes.

Ich fing dann 1972 dort an, mein Papa ging 1973. Und wie das Leben so spielt: Ich blieb bis zu meiner Pensionierung dort hängen. 26 Jahre.

Auch in dieser meiner Stadtwerke-Zeit habe ich das Lachen nicht verlernt, habe mitgemischt bei der Stadtwerke-Theatergruppe und bei denen „Mädchen für alles“ gespielt. Das Catering für die Truppe gemacht, Cola und Brezel ans Publikum verkauft, den Schauspielern beim Umkleiden geholfen.

Auch am Arbeitsplatz selbst ging es öfters munter zu. „Sie sind der Chef und haben das zu entscheiden, aber einverstanden bin ich nicht damit.“ Diesen Satz habe ich öfters zu meinem Abteilungsleiter gesagt, mit dem ich aber ein gutes Verhältnis hatte. Keiner hatte sich das damals getraut.

Ich mache aus meinem Herzen aber keine Mördergrube. Ich sage die Wahrheit und spreche aber auch unangenehme Dinge aus, auch wenn das für mich Konsequenzen hat. Wenn mir etwas nicht gefällt, dann sage ich das. Das gefällt vielen nicht, und es ist nicht immer einfach. Aber ich kann gut damit leben.

Edith – hier mit einem Kollegen – hat auch bei den Stadtwerken Frankfurt das Lachen nicht verlernt.

Wenn ich mir etwas in den Kopf gesetzt habe, dann führe ich das auch durch. Meine Schwester sagt, dass ich immer schon einen Dickkopf hatte, der muss mir wohl in die Wiege gelegt worden sein. Ich will mich nicht verbiegen.

Neonazis in Langen

Die sonst so forsche Edith bleibt allerdings still und schweigt, als es ihre Wohnsitzgemeinde Langen, in der sie seit 20 Jahren lebt und gemeldet ist, 1989 auf die Titelseite der „New York Times" und auf anderthalb Seiten im Nachrichtenmagazin „Der Spiegel" bringt, Fernsehleute aller deutschen TV-Anstalten hier drehen und auch Fernsehteams aus Frankreich, Japan, Brasilien, Schweden, Dänemark, Island und den Niederlanden anrücken.

Für den Auftrieb sorgen die Umtriebe von Neonazis. In der Stadt, in der schon in der Legislaturperiode 1968–1972 vom Langener Wahlvolk zwei Abgeordnete der rechtsextremen NPD direkt mit Sitz und Stimme in die Stadtverordnetenversammlung entsandt wurden, treten Rechtsradikale zur Kommunalwahl 1989 an. Frontmann ist der mehrfach vorbestrafte Michael Kühnen, ein Promi der Rechtaußen-Szene. Er steht hinter der Liste „Ausländer raus – Nationale Sammlung N.S.". Öffentlich auf Stimmenfang geht die gut 30 Langener starke Gruppe mit einer in 12.000

Exemplaren verbreiteten Wahlkampfzeitung im September 1988. Die Ankündigung: „In diesem Wahlkampf und nach der Wahl im neuen Stadtparlament soll ein Sturm der Erneuerung durch unsere Stadt fegen. Die deutsche Bevölkerung Langens hat seit langem schon die Nase voll und sucht eine Alternative. Die Alternative ist da – eine wirkliche Wende bereitet sich vor. Langen soll die erste ausländerfreie Stadt werden! Langen wird ein Zeichen für Deutschland setzen!“

Wahlkampfleiter Michael Kühnen setzt noch eins drauf, sagt „ich halte Juden für Ausländer“ und kündigt eine „Ära der Zackigkeit“ im Langener Ortsparlament an. Die N.S.-Abgeordneten würden im Braunhemd und in Schaftstiefeln im Plenum erscheinen, und es werde Anträge geben, „den Marktplatz in Adolf-Hitler-Platz umzubenennen oder so etwas“.

Langen ist von den Neonazis mit Bedacht gewählt, denn hier findet Kühnen so etwas wie Infrastruktur vor: Vasallen, die seit Jahr und Tag im Städtchen leben und Stunk machen. So wird 1982 ein illegales Waffen- und Sprengstofflager bei einer Hausdurchsuchung in der Neckarstraße entdeckt. Während des 100-Jahre-Stadtjubiläums 1983 und Jahr um Jahr um „Führers Geburtstag“ am 20. April häufen sich Hakenkreuzschmierereien und gesprayte „Sieg Heil“-Parolen an Mauern, Zäunen, Zigarettenautomaten, Verkehrsschildern, Laternenpfählen, am Bahnhof, an Schulen, am Alten Rathaus und diversen Bus-Wartehäuschen. Da ist dann zu lesen: „Juden, Nigger und Asylanten raus aus Deutschland!“, „Schlesien bleibt unser – das ist die Lehre von Auschwitz“, „Legt den linken Lehrer um!“, „Antifa verrecke!“

Und jetzt der rassistische Wahlkampf, der bundesweit Furore macht. Am 27. Januar 1989 verbietet Bundesinnenminister Friedrich Zimmermann die „N. S.“ (das Kürzel steht für „Nationale Sammlung“). Das Verbot wird indes erst am 9. Februar wirksam, als es mit Polizeirazzien – auch und gerade in Langen – durch- und umgesetzt wird.

Das geschieht für Langen in letzter Minute. Tags drauf, am 10. Februar, hätte nämlich der Zulassungsausschuss für die Kommunalwahlen am 12. März im Rathaus getagt. Und dieses Gremium hätte die peinliche Pflicht gehabt, der N.S. den Weg zum Urnengang freizumachen, denn die Neonazis hatten die erforderlichen 90 Unterstützerunterschriften für ihre Wahlliste locker zusammenbekommen und rechtzeitig eingereicht . . .

Schweigen und Tod: „Es ging nicht!“

Edith engagiert sich auch nicht, als in Frankfurt, wo sie ja nach wie vor den „Mittelpunkt ihrer Lebensbeziehungen“ sieht, die braune Vergangenheit wieder Gegenwart zu werden scheint. Sie rührt sich nicht, als am 31. Oktober 1985 Mitglieder der Jüdischen Gemeinde, angeführt von ihrem Vorsitzenden Ignatz Bubis, die Bühne des Kammerspiels besetzen und so die Absetzung des von ihnen als antisemitisch eingestuften Stücks „Der Müll, die Stadt und der Tod“ erzwingen. Sie geht nicht auf die Barrikaden und nicht auf die Straße, als quasi vor ihren Augen im November 1986 auf der Stadtwerke-Baustelle am Börneplatz Reste des ehemaligen Judenghettos ausgegraben werden und quasi entsorgt werden sollen, auf dass ihr, Ediths, Arbeitgeber ein neues Kundenzentrum hochziehen kann. Sie mischt nicht mit bei den sich bis in die 1990er-Jahre hinziehenden Protesten und auch nicht bei der Besetzung der Kundenzentrums-Baustelle, beteiligt sich nicht bei den mit harten rhetorischen Bandagen geführten Debatten um die Gedenkstätte Börneplatz und das Museum Judengasse.

Sie hat ihre guten Gründe: „Ich habe das alles schon mitgekriegt, was da in Langen und in Frankfurt abging. Ich konnte aber nicht mit demonstrieren, ich hatte keine Luft, irgendwie tätig zu werden. ES GING NICHT!“

Denn: 1985 während der Fassbinder-Unruhen muss Vater Norbert Bär unters Messer. Eine schwere Herzoperation, von der er sich nicht mehr erholt. Eine Rückkehr in die Wohnung ist nicht möglich, es ist Pflege angesagt. Edith muss, wie sie sagt, „von Knall auf Fall und von jetzt auf nachher“ einen Platz für den Vater und auch für die kränkelnde, an schleichender Demenz erkrankte Mutter finden. Sie schafft es, bringt das Elternpaar in einem großen Zimmer im August-Stunz-Heim am Ostbahnhof unter. Organisiert den Umzug. Managt die Haushaltsauflösung. Ist jeden Tag bei den beiden Alten.

Der Vater stirbt 1987, als die Börneplatz-Unruhen beginnen. Nun muss sich Edith nahezu Tag für Tag um die demente Mutter Susanna kümmern, nach der Arbeit nach ihr schauen, bei der Pflege helfen. 1990 stirbt auch die Mutter. „Ich habe alles ausgeräumt. Im ersten Moment wusste ich nichts mit mir anzufangen.“

Rückkehr nach Theresienstadt

Bevor ich 1997 in Rente gegangen bin, war es immer mein Wunsch: Ich möchte mal nach Theresienstadt. In all diesen Jahren war Hella die einzige, mit der ich mich über unsere Erlebnisse unterhalten konnte. Zu Hause bei meinen Eltern wurde in unserer Gegenwart nicht mehr darüber gesprochen. Auf Fragen antwortete mein Vater – und das auch, als wir schon erwachsen waren: „Kinder, lasst es ruhen!“

Wir haben es akzeptiert. Aber dennoch kamen Hella und ich immer mal wieder auf das Thema zu sprechen. Wenn manche Leute meinten „Da waren Sie ja noch ein Kind, das können Sie gar nicht mehr wissen“, habe ich mich immer maßlos geärgert. Hella meinte dann: „Lass Sie doch reden, wir wissen doch, was wir erlebt haben!“ Sie hatte Recht.

Es dauerte aber noch eine ganze Zeit, bis wir unseren Plan umsetzten.

Woran lag das? Konnten wir nicht fahren wegen unserer Arbeit? Oder scheiterte es etwa am Geld? Nein! Ich denke, innere Gründe haben überwogen, dass wir die Fahrt immer wieder verschoben/vor uns hergeschoben haben. Die Rückkehr an diesen Ort, das Zulassen von angsterfüllten Erinnerungen, das fiel nun einmal sehr, sehr schwer. Ich hatte mich, als ich noch berufstätig war, ab und zu mit Filmen und Büchern über Konzentrationslager beschäftigt, hatte dann schlaflose Nächte, in denen mich Alpträume quälten, und ich fragte mich, ob ich eine Wiederbegegnung mit Theresienstadt verkraften würde.

Wir waren uns nur allzu bewusst, was auf uns zukommt. Letztendlich aber glaubten wir dann doch: Es ist gut, den Weg zu gehen, und zwar zusammen, um eventuell etwas besser mit dem umzugehen, was passiert war.

Mein Schwager ermutigte uns: „Macht es doch, solange ihr es noch könnt. Und: Macht es zusammen!“ Hella willigte ein. Ich las in den „Frankfurter Nachrichten“ von einer Busreise nach Prag, ging ins Reisebüro und buchte – wir schreiben das Jahr 1995 – eine Fahrt dorthin.

Theresienstadt – so wussten wir – war 60 Kilometer von Prag entfernt. Hella fragte unsere tschechische Reiseleiterin: „Wie kommen wir am besten und am schnellsten nach Theresienstadt?“ Sie fragte: „Wieso wollen sie dahin?“ Hella erklärte ihr warum – wir wären als Kinder in Theresienstadt gewesen und wollten unsere Vergangenheit aufarbeiten. Die Reiseleiterin sagte ihr: „Gehen Sie erst mal essen, ich sage ihnen dann Bescheid.“

Nach dem Abendessen kam sie auf uns zu und erklärte uns, sie habe mit einem Freund gesprochen, der regelmäßig kleine Besuchergruppen von Jugendlichen, Überlebenden und Familienangehörigen durch die heutige Gedenkstätte Theresienstadt führe. Er sei selbst dort dreieinhalb Jahre mit seiner Mutter gefangen gewesen.

Wir trafen Professor Felix Kohner am nächsten Morgen am Wenzelsplatz. Er sprach gut Deutsch und war ein sehr, sehr netter Mensch. Er verstand unser Anliegen und konnte auch die starken Emotionen begreifen, die dieser Besuch bei uns hervorrufen musste.

Es war nur eine kleine Gruppe. Er sagte uns: „Wenn es nicht mehr geht, ich bin in Ihrer Nähe.“ Je näher wir Theresienstadt kamen, desto kälter wurden unsere Hände, und die Nervosität steigerte sich natürlich.

Ich weiß nicht mehr, was ich oder Hella gedacht haben, aber wir gaben uns stark. Professor Kohner führte die Gruppe durch Theresienstadt und die Kleine Festung. Wir waren nicht in den Ausstellungen und Dokumentationen, wir sind vor allem durch die Straßen gegangen und haben nach und nach Gebäude und Plätze wieder erkannt. Ich war erstaunt, wie viel erhalten geblieben ist. Und hier haben wir auch das Grab gefunden, in dem unser Großvater mit 10.000 Toten seine letzte Ruhe fand.

Felix Kohner sprach Englisch, aber selbst wenn er Deutsch gesprochen hätte: Ich hätte nichts verstanden/mitbekommen. Die Emotionen waren einfach zu groß.

Nach 50 Jahren alles wieder erkannt: Edith Erbrich mit einer Exkursionsgruppe der Uni Mainz in ihrem ehemaligen Theresienstädter „Schlafzimmer“

Wie ich es geschafft habe, für mich sehr wichtige Fotos zu machen, weiß ich heute nicht mehr. Es sind aber Dokumente für mich, die alles bestätigt haben, was wir immer wieder vor Augen hatten. Es waren zwar über 50 Jahre her, seit wir Theresienstadt verlassen hatten, wir haben aber nach 50 Jahren alles wieder erkannt.

Zunächst erschien mir alles so klein. Aus der Perspektive des Kindes, das ich damals war, hatte ich alles viel größer in Erinnerung. Ich sah mich wieder am Bahnhof ankommen, ging durch jenes Tor, durchlebte erneut die Trennung von meinem Vater und die unbeschreibliche Angst.

Was ich nicht mehr wusste, wusste Hella (und umgekehrt). Unsere Erinnerungen haben sich ergänzt.

Mit Worten kann ich nur schlecht beschreiben, wie unsere Gefühle waren. Professor Kohner hat sich danach lange mit uns unterhalten. Ich bin froh, die Reise unternommen zu haben, denn es hat mir sehr geholfen, das zu tun, was ich heute mache. Es war ein sehr schwerer Weg, aber er war in gewissem Sinne auch heilsam. Seit ich noch einmal dort war, seit ich die Fotos habe, kann ich besser mit meinen Erinnerungen umgehen. Und ich kann sie nun auch berichten.

Das begann bereits am Abend. Als wir zurück im Hotel waren, fragte uns abends in der Bar unsere kleine Gruppe, mit denen wir angereist waren: Wo wart ihr denn den ganzen Tag? Wir erzählten es ihnen, und sie waren etwas traurig. Sie wären gerne mit uns gefahren. Aber Hella und ich wollten den ersten Schritt nach dieser langen Zeit allein für uns gehen. Verständlich!

So saßen wir bis in den frühen Morgen und haben erzählt, denn wir konnten nicht schlafen, fanden keine Ruhe, weil wir so aufgedreht waren. Es war ein Erlebnis aus traurigem Anlass, aber wir haben auch gelacht. Denn meine Devise bis heute ist: Die Nazis wollten uns alles nehmen, aus uns Menschen ohne jedes Gefühl machen. Bei uns haben sie es nicht geschafft!

Kapitel 9

„Bitte machen Sie weiter, bitte kommen Sie wieder!“
1997: Ein neuer Lebensabschnitt beginnt – Zeitzeugin

Unruhestand

1997 wird Edith Erbrich 60 Jahre alt. Sie geht in Rente – und wird von der Bundesversicherungsanstalt für Angestellte (BfA) noch einmal dafür bestraft, dass sie 1943 als Sechsjährige nicht in die Schule gehen durfte, weil das den „Mischlingen“ ja verboten war; dass sie erst 1946 als Neunjährige(!), als sie aus Theresienstadt zurück- und wieder halbwegs in Frankfurt angekommen war, den ersten Schultag in der ersten Klasse als ABC-Schützin erlebte. Diese drei Jahre des Schulverbots und des KZ-Terrors für die „Halbjüdin“ Edith werden von der BfA und damit von Staats wegen bei der Rentenberechnung nicht akzeptiert. „Erst sagte man mir, diese sogenannte ‚Fehlzeit‘ würde anerkannt“, erinnert sie sich, „das war dann aber nicht so. So war die Gesetzeslage.“

Edith nimmt es hin. Sie hat Besseres vor, als sich wegen dreier Versicherungsjahre zu verkämpfen und ihr jahrzehntelanges Schweigen über Theresienstadt nunmehr gegenüber Behörden und Rentenversicherungsträgern zu brechen.

Start in den Unruhestand: Edith mit Freundin auf Schaukel in Australien

Sie verlässt Deutschland für vier Monate, kehrt Frankfurt und Langen den Rücken und bricht nach Australien auf. Besucht ihre Freunde Helgard und Max, Heinz und Anna und andere. Pendelt zwischen Adelaide und Melbourne, „zwei ganz tollen Weltstädten". Sie macht Station in Port Augusta, ist dort, fernab jeglicher Zivilisation, stundenlang unterwegs. Treibt sich im Outback rum, „einer Landschaft soweit das Auge reicht". Wird von Helgas und Max' Sohn Michael an Orte gebracht, „wo normalerweise kein Tourist hinkommt". Besucht andere „tolle Städte": Perth, Freemantle und Sydney. „Eine wunderbare Zeit!"

Sie kehrt mit gemischten Gefühlen nach Deutschland zurück. Glaubt, dass sie sich hier „gar nicht mehr wohlfühlen" kann.

Doch das legt sich wieder. Spätestens, als sie mit ihrer Freundin Ella einen Schwatz hat – einer Vertrauten, die gegenüber den Stadtwerken, im Dominikanerkloster beim Evangelischen Regionalverband, arbeitet. Der Ella hat die Edith vor drei Jahren alles erzählt, was ihr widerfahren war als „Mischling ersten Grades" im Ostend, im Bombenkrieg, bei der Deportation und in der „Hölle Theresienstadt".

Edith schwärmt der Freundin vom „Paradies Australien" vor. Die hört zu, freut sich, sagt „ach übrigens . . ." und drückt der Heimkehrerin einen Flyer in die Hand.

Der Knoten platzt

Ich werfe einen Blick drauf und lese was über eine Ausstellung, die während meiner Abwesenheit in Frankfurt gelaufen ist. Titel „Kinder im KZ Theresienstadt". Ich denke: „So ein Mist, da bist du einmal nicht da – und dann gibt es so eine Ausstellung! Wer macht denn sowas?"

Ich will das wissen. Ich frage mich durch, stoße auf den Ausrichter, den „Studienkreis Deutscher Widerstand e. V.", und kriege die Kuratorin, Dr. Ursula Krause-Schmitt, an die Strippe. „Hören Sie mal, wo findet die nächste Ausstellung statt? Ich interessiere mich dafür! Ich bin als Kind in Theresienstadt gewesen!"

Krause-Schmitt ist elektrisiert: „Es gibt nicht mehr viele Zeitzeugen wie Sie! Wir müssen uns treffen!" Sie will sofort einen Termin mit mir vereinbaren und mich kennenlernen. Klar: Für diese Institution ist dergleichen sehr wichtig. Es gibt ja auch nicht mehr allzu viele Zeitzeugen – ich glaube, ich bin eine der jüngsten. Viele können oder mögen keine Zeitzeugen mehr sein. Man muss das akzeptieren und verstehen, denn so eine Aufgabe ist nicht leicht.

Wir vereinbaren einen Termin. Wir treffen uns und bei mir platzt der Knoten: Ich erzähle und erzähle – stundenlang; die Zeit vergeht wie im Fluge. Auf die Frage, ob ich meine und die Geschichte meiner Familie schon mal zu Papier gebracht hätte, antworte ich mit „nein“, gebe aber zu, dass solch ein Ansinnen schon öfters mal von Hellas Enkeln geäußert worden sei: „Oma warum schreibst Du und Tante Edith nicht mal eure Geschichte auf?“ Wir beide haben dann immer gesagt: „Das interessiert doch keinen Menschen.“

Ursula Krause-Schmitt ist da ganz anderer Meinung: „Das dürfen sie nicht sagen. Das stimmt so aber nicht.“ Ich solle doch einmal darüber nachdenken.

Ich habe mich dann auf weitere Gespräche eingelassen – zunächst ohne eine Veröffentlichung im Sinn und im Auge zu haben. Viele, viele Stunden haben wir zusammengesessen und alles aufgenommen, was wichtig erschien. Dabei sind auch viele Tränen geflossen. Das Erzählen mancher Dinge aus der Vergangenheit tut immer noch weh.

Bei einem dieser Gespräche sagte ich mal: „Ich würde so gerne mal einigen Menschen von damals ‚Danke‘ sagen: den Männern von der Kohlehandlung, den Menschen, die die Karten, die aus dem Zug geworfen wurden, an meine Mutter geschickt haben – und noch einigen mehr . . .“ Darauf Frau Krause-Schmitt: „Dann machen sie es doch für diese Menschen!“ Das war ein Argument! Und so begann ich mit Aufzeichnungen über mein Leben und die Geschichte meiner Familie.

Es war gerade zu der Zeit, als der Katalog für die Ausstellung „Kinder im KZ Theresienstadt“ entstand, in den dann auch meine gerade von mir zu Papier gebrachte Kurzbiographie eingeflossen ist. Als dann der Katalog erschien und die erweiterte und neu gestaltete Ausstellung im Bürgerhaus Bornheim lief – mit Presse und so weiter – begann für mich ein neuer Lebensabschnitt.

Ich habe mir das Leben damit nicht leichter gemacht.

Es geht Schlag auf Schlag. Ich werde vom Hessischen Rundfunk be- und angefragt, im Radio und für Zeitungen interviewt und porträtiert. Ich mache mit bei Fernsehdokumentationen. Ich wirke mit bei Veranstaltungen und Ausstellungen im 2005er-Gedenkjahr „60 Jahre Kriegsende“ – vor allem bei der großen Ausstellung im Jüdischen Museum Frankfurt „Und keiner hat für uns Kaddisch gesagt“, bei der ich am Gedenkbuch/Katalog mitgewirkt habe und auf der meine Papiere und Familienfotos gezeigt wurde sowie einem Film, den ich mit Christian Gropper über die Großmarkthalle drehte, wo die Transporte in die Vernichtungslager abgingen. Bei den Vorbereitungen und Arbeiten zu „Und keiner hat Kaddisch für uns gesagt“ habe ich zwei Menschen wiedergetroffen, die mit mir im selben Transport waren: Ludwig Schmitz und Heinrich Lapp. Das war schon etwas ganz Besonderes, denn als wir uns das letzte Mal sahen, am 14. Februar 1945, waren wir Kinder. Jetzt nach 60 Jahren gehörten wir der älteren Generation an. Kaum zu glauben.

Von nun an wurde ich zu vielen Ausstellungseröffnungen eingeladen. Es sind dann noch etliche Filme mit mir als Zeitzeugin gedreht worden, die im hessischen hr-Fernsehen gesendet wurden – beispielsweise, als die Großmarkthalle wegen des EZB-Baus abgerissen wurde.

Stolpersteine in Langen

Auch in Langen, wo ich mittlerweile seit 41 Jahren wohne, wird man auf mich aufmerksam. Im städtischen Frauenbüro hat man mich in Rundfunkinterviews gehört und über mich in den Zeitungen gelesen. Ich werde als Referentin engagiert für die kommunalen Gedenkveranstaltungen zur Reichspogromnacht, halte einen Vortrag am 7. November 2004 vor 60 Zuhörern. Ich komme offensichtlich gut an, ein Bericht der Frauenbeauftragten an den Magistrat, der später auch ans Bundespräsidialamt geht, ist jedenfalls voll des Lobes. „Frau Erbrich schilderte ihre bitteren Erfahrungen mit dem NS-Regime aus der Sicht eines jüdischen kleinen Mädchens in Frankfurt und ihre Gefangenschaft im KZ Theresienstadt sehr eindrücklich“, heißt es da, „und zog das Publikum durch ihre natürliche, menschliche Art der freien Erzählung in ihren Bann. Durch die authentische Art ihrer Schilderung der Gefühle einer jungen Jüdin, die in dieser Gemeinschaft ausgegrenzt, gequält und erniedrigt wurde, erleichtert sie es auch jungen Menschen, sich in die Situation der verfolgten Jüdinnen und Juden hineinzuversetzen.“ Doch nicht nur „das Negative“ habe in meinen Erinnerungen Platz: „Frau Erbrich vergisst auch nicht, diejenigen zu erwähnen – sei es in Frankfurt oder später im KZ – die ihr in dieser schlimmen Zeit mutig beigestanden haben. Dadurch baut sie Brücken zu den Menschen im Publikum und selbst zurückhaltende Zuhörerinnen und Zuhörer beteiligen sich auf diese Weise an der Diskussion und fassen Mut, ihr persönliche Fragen zu stellen.“

Es war dann auch nicht mein letzter Auftritt in Langen. Ich organisiere auf Bitten des Frauenbüros ein Erzählcafé mit mir und einer anderen

Einen Tag später sollte sie ins Gas

Edith Erbrich aus Langen überlebte Theresienstadt und eröffnete jetzt im Alten Rathaus eine Ausstellung über das KZ

VON PETER HOLLE

LANGEN · Die Rote Armee hat am 7. und 8. Mai 1945 das Konzentrationslager im tschechischen Theresienstadt befreit. Zu denen, die damals der Ermordung durch die Deutschen entgingen, zählte die dort geschundene und gequälte achtjährige Edith Erbrich, die seit nunmehr 40 Jahren in Langen wohnt, damals aber in Frankfurt zu Hause war. Später, so erzählt sie am Dienstagabend im Langener Stadtmuseum, als sie wieder bei ihrer Familie im dortigen Ostend lebte, habe sie erfahren, dass sie den von den Russen sichergestellten KZ-Akten zufolge am Tag drauf – am 9. Mai – mit einem Auschwitz-Transport ins Gas hätte geschickt werden sollen.

Edith Erbrich berichtet das Ungeheuerliche stockend, mit leiser erstickter Stimme. Sie ist zur Eröffnung einer Ausstellung mit Zeichnungen, Gedichten und Texten gekommen, die sie unmittelbar betrifft: „Kinder im KZ Theresienstadt". Buchstäblich in den letzten Wochen des Krieges ist das 1937 geborene, aus einer katholisch-jüdischen Mischehe stammende Mädchen noch aus Frankfurt in das Lager verschleppt worden – mit dem Vater und der zwei Jahre älteren Schwester, in einem Viehwaggon unter Bedingungen, „bei denen heute der Tierschutzbund einschreiten würde".

BILD: ANDREAS ARNOLD

Manche Bilder aus Theresienstadt wirken bunt und fröhlich – Edith Erbrich, die das KZ überlebt hat, will sie den Langenern erklären.

Sie will für die sprechen, die das nicht mehr tun können

Die hygienischen Verhältnisse im KZ waren schrecklich, zu essen gab es nur Graupen, es roch nach Krankheit und Leichen. Edith wurde von der Schwester getrennt – „Kinder ab zehn machten Drecksarbeiten" – und vom Vater völlig isoliert. „Ich war allein und ohne Nachricht von der Mutter. Ich hatte immer nur Todesangst und Hunger." Was ihre Leidensgenossen damals heimlich zeichneten, malten, notierten, in Verse brachten – davon zeugen 4000 erhaltene Bilder, Gedichte und Texte.

In der Langener Ausstellung sind 33 dieser Exponate zu sehen. Manche Mädchen und Buben setzten Fantasie und Farbe gegen Holocaust und Todesangst. Gabi Freiova, die in Auschwitz vergast wurde, malte saftige grüne Wiesen mit bunten Schmetterlingen. Ein Junge konterfeite gelbe Quallen, rote Seesterne und blaue Fische.

Zeitzeugin Edith Erbrich ist bereit, diese Zeugnisse nicht nur Langener Schülern, sondern allen, die sich informieren wollen, zu erklären. „Ich mache es für die, die das nicht mehr tun können", sagt sie am Dienstag. Lange habe sie über Theresienstadt geschwiegen – während ihrer Ausbildungs- und ersten Berufsjahre als Industriekauffrau bei der *Frankfurter Rundschau*, später im Job bei den Stadtwerken Frankfurt.

Seit 1963 wohnt sie in Langen – und hier wird sie am 9. Dezember auch während eines Erzählcafés auf Marianne Porath treffen. Die damals 15-jährige Jüdin entging haarscharf der Frankfurter Deportation, mit der Edith Erbrich nach Theresienstadt verschleppt wurde. Sie floh und fand ein Versteck – und das ausgerechnet in Langen.

In der Stadt, in der Marianne vor den deutschen Mördern Schutz fand, existierte seit 1938, als am 10. November die Synagoge brannte, keine jüdische Gemeinde mehr. Alle Langener Juden seien nach Frankfurt gegangen, berichtet Stadtarchivar Herbert Bauch am Dienstag zur Ausstellungseröffnung. 40 von ihnen wurden in den Vernichtungslagern umgebracht, elf davon in Theresienstadt. Bauch nennt deren Namen: Wilhelm Kahn, Siegfried und Adele Lazarus, Cilli und Isaak Morgenstern, Betty, Jenny und Siegmund Neu, Selma Schiff, Karl Wolf und Franziska Kahn. Die letztgenannte hat 76 Jahre lang bis 1938 im Haus Ludwigsplatz 19 gewohnt. „Das war da drüben am jetzigen Leuschner-Platz", sagt Bauch und deutet aus dem Fenster des Alten Rathauses.

Holocaust-Überlebenden. Ich hole die Ausstellung „Kinder im KZ Theresienstadt" nach Langen, die das Stadtarchiv im Museum Altes Rathaus zeigt, spreche bei der Eröffnung, beteilige mich an den Begleitveranstaltungen und mache Führungen durch die Ausstellung.

Ich helfe mit, die örtliche „Stolperstein"-Initiative in die Gänge zu bringen, die sich – wie das 1981 gegründete Antifaschistische Aktionsbündis Langen – gezielt um die „lokalhistorische Aufarbeitung des Nationalsozialismus" bemüht. Zwischen März 2007 und Oktober 2009 werden bei fünf Verlegeaktionen 85 Stolpersteine vor den ehemaligen Wohnhäusern von Langener Juden platziert, die aus der Stadt verjagt, in die Emigration gedrängt oder in den sicheren Tod getrieben wurden.

Ich marschiere mit bei den Fackelzügen, die die Langener Antifa seit den 1980er-Jahren jeweils am 9. November zum Pogrom-Gedenken organisiert und beteilige mich an den Schlusskundgebungen, die am Synagogen-Mahnmal in der Dieburger Straße abgehalten werden.

Zeitzeugin

Das ist für mich bis heute etwas ganz Besonderes: Ich werde seit 2001 als Zeitzeugin in die Schulen eingeladen. Somit reise ich in ganz Deutschland umher, habe bis heute an die 150 Schulen und Jugendbegegnungsstätten besucht und dabei vor 25.000 Schülern und Teenagern gesprochen. Wenn Zeitzeugen gesucht werden, wenden sich die Interessenten entweder an den Studienkreis, ans Jüdische Museum oder die Landeszentrale für politische Bildung – und die setzen sich mit mir in Verbindung.

Es ist nicht immer leicht, seine Lebensgeschichte zu erzählen. An einem Tag berührt es mich mehr, an einem anderen Tag weniger.

Manche Lehrer – ich sage: die meisten – sind immer wieder erstaunt über ihre Klasse. Wenn ich mit meinem Vortrag beginne, wird es mucksmäuschenstill. Sie lauschen ganz gespannt. Sie sind interessiert. Ich bin immer wieder baff.

Es ist wohl so, dass ich auch die Erwartungen der jungen Menschen erfülle. Die kenne ich ganz gut aus Aktionen, die einige Lehrer in der Vorbereitung auf meine Auftritte gestartet haben. Sie stellten den Schülern die Aufgabe, sich für die Teilnahme an der Veranstaltung mit mir regelrecht zu bewerben, also förmliche Bewerbungsschreiben zu verfassen.

Diesen Briefen ist zu entnehmen, dass die meisten auf das Thema vorbereitet sind. Sie haben den Holocaust im Geschichts- und/oder Religionsunterricht behandelt, eine KZ-Gedenkstätte besucht, einschlägige Bücher gelesen (meist „Das Tagebuch der Anne Frank"), sich via TV, Internet, Google und Wikipedia zu informieren versucht. Doch „wie es wirklich war", erschließt sich dadurch – das jedenfalls der Tenor der Bewerbungsschreiben – kaum jemandem. „Es bleiben so viele Fragen offen", lese ich ein ums andre Mal. Und: „Unsere Generation hat nur noch selten die Möglichkeit, eine Person aus dieser Zeit kennenzulernen", die aus eigener Erfahrung und aus eigenem Leiden zu berichten vermag, was während der NS-Zeit Menschen den Menschen antaten. „Dadurch dass man es selbst erlebt hat, ist es etwas ganz anderes als ein Film", heißt es unisono. Man bewerbe sich, weil man die Chance nutzen wolle, „Fragen zu stellen/Antworten zu kriegen, wie es wirklich im Krieg war, da ich es mir nicht vorstellen kann, unter welchen Umständen Frau Erbrich damals gelebt hat".

Nun ist die Zeit des Nationalsozialismus in der Tat sehr weit weg von diesen Schülern. Meine Aufgabe ist, in meiner Erzählung Anknüpfungspunkte zu finden an die reale Wirklichkeit der Jugendlichen – an deren, wie die sagen, „real life".

Zeitzeugin Edith Erbrich zieht Theodor-Heuss-Schüler mit ihrer Erzählung in den Bann. Am 8. Mai 1945 wurde das Konzentrationslager Theresienstadt von der Roten Armee befreit. Wie sie aus sichergestellten KZ-Akten erfuhr, war für den 9. Mai ihre Hinrichtung geplant: „Ich sollte eigentlich nicht mehr hier sein." • Foto: Georg

Das Lachen nicht verlernt

Von Veronika Schade

Mit der packenden Erzählung von Edith Erbrich, einer Überlebenden aus dem KZ Theresienstadt, begann gestern für eine elfte Klasse der Theodor-Heuss-Schule ihre Projektwoche zum Thema Holocaust.

OFFENBACH • Die Schüler sind mucksmäuschenstill. Gebannt lauschen sie der Erzählung von Edith Erbrich. Die 76-jährige Langenerin ist Zeugin einer Zeit, die Jugendliche nur aus dem Unterricht oder Filmen kennen. Als Kind überlebte sie das Konzentrationslager Theresienstadt. Gestern ist sie zu Gast in der Theodor-Heuss-Schule.

Es ist der Auftakt der Projektwoche, innerhalb der sich die Klasse 11c des beruflichen Gymnasiums mit einem ernsten Thema beschäftigt: „Was geht uns das noch an? Die Shoa und die Spuren der NS-Zeit in der Gegenwart". „Die Projektidee entstand bei der Lektüre von ‚Der Vorleser' von Bernhard Schlink", erläutert Deutschlehrer Stefan Falcione. „Das Buch hat bei der Klasse viele Emotionen hervorgerufen."

Auch der Bericht der Zeitzeugin ist harte Kost. Erbrich verheimlicht und beschönigt nichts. Die häufige Ausrede ihrer Zeitgenossen, man habe „davon nichts gewusst", lässt sie nicht gelten. „Wir wurden doch auf der Straße bespuckt und geschlagen, schließlich öffentlich abtransportiert – es kann nicht sein, nichts davon mitzubekommen."

1937 in Frankfurt geboren, wuchs sie im Ostend auf. Als Tochter eines Juden und einer Katholikin durfte sie nicht zur Schule gehen. Sie erschaudert bei der Erinnerung an ständige Bombenangriffe, an die Angst im Luftschutzkeller, wie sie eines Nachts verschüttet wurden und sich mit viel Glück aus den Trümmern befreien konnten: „Da muss eine höhere Macht am Werk gewesen sein." Eine Brandbombe zwang die Familie zum Umzug in ein Auffanglager.

Die Nazis wollten ihre Mutter zwingen, sich scheiden zu lassen. Als diese sich weigerte, kam sie in „Beugehaft". „Sie hat nie über die Hammelsgasse gesprochen", so Erbrich. „Erst als ich ein Buch darüber gelesen habe, erfuhr ich, was für Dinge dort an der Tagesordnung waren." Den Ort zu besuchen ist Erbrich bis heute unmöglich.

Am 14. Februar 1945 ging eine der letzten Deportationen von Frankfurt ab. Auf der Liste stand Familie Erbrich – bis auf die Mutter, die freiwillig mitkommen wollte, was ihr aber verwehrt wurde. „Zu dieser Zeit war Auschwitz schon befreit. Wie groß muss der Hass gewesen sein, trotzdem mit den Deportationen weiterzumachen", sagt Erbrich kopfschüttelnd. Nach vier Tagen, eingepfercht mit 40 anderen Menschen im Waggon, kam die Siebenjährige in Theresienstadt an. Sofort wurde sie von Vater und Schwester getrennt, ihr Haar abrasiert. Sie war dreckig und abgemagert. „Die miesen Kerle haben sich über unser Aussehen lustig gemacht. Ich verstehe nicht, wie Menschen so etwas fertigbringen."

Noch grausamer aber waren die Aufseherinnen. Die Kommunikation beschränkte sich auf das Erteilen von Befehlen, Drohungen und Strafen. Einmal musste sie stundenlang mit einer Zahnbürste den Boden schrubben. „Dabei habe ich zum Teil das Weinen verlernt." Wenn sie zwischendurch ihren arbeitenden Papa erspähte, habe er sie immer angelacht. Er und ihre Schwester gaben ihr die Kraft, zu überleben. „Vor allem aber prägte mich die Stärke meiner Mutter, die für uns ins Gefängnis gegangen ist", antwortet Erbrich auf die Frage eines Schülers.

Sie erinnert sich an einen Besuch des Roten Kreuzes, bei dem die Kinder herausgeputzt und Tische voller Köstlichkeiten aufgestellt wurden. „Wir durften nichts nehmen, mussten sagen, wir haben keinen Hunger, bekommen immer so viel."

In der Nacht zum 8. Mai befreite die Rote Armee Theresienstadt. „Der schönste Tag in meinem Leben", so Erbrich. „Ich habe meinen Vater so fest gedrückt, dass er blaue Flecken bekam, damit er mir ja nicht entwischt." Ende Juli kam die Familie zurück nach Frankfurt. „Dort wartete unsere Mutter, unser Zuhause."

Deshalb habe sie nie daran gedacht, Deutschland zu verlassen. Bis zur Rente arbeitete sie als Industriekauffrau. Sie lernte, über das Erlebte zu sprechen. „Meine Schwester kann es nicht. Jeder hat seine Art, damit umzugehen." Im April erscheint ihre Biografie mit dem Titel „Ich habe das Lachen nicht verlernt".

Nach Theresienstadt fährt Erbrich seit 1997 fast jedes Jahr durch ein Projekt der Uni Mainz. In Schulen ist sie gern zu Gast: „Ich mache es für die, die nicht mehr darüber reden können, die einen sinnlosen Tod gestorben sind." Es geht ihr darum, die jungen Leute zu sensibilisieren, „damit so etwas nie wieder passiert. Egal welche Hautfarbe oder Religion – wir sind doch alle vom selben Gott erschaffen." Die Schüler fragen nach, sind interessiert und bewegt. Ein Gefühl, das wohl lange nachwirken wird.

Zeitzeugin Edith in Aktion – vor Schülern in Offenbach, im Stuhlkreis mit Schülern aus Herfurt, inmitten von Schülern in Gotha

Ich erzähle also vom Judenstern, den ich von klein auf tragen musste. Davon, dass ich mit dem keine Ausflüge machen durfte und in meiner Bewegungsfreiheit eingeschränkt war. „Man tritt auf die Straße“, hat mal jemand geschrieben, „und war sofort in Feindesland.“ Ich sage es in anderen, mit meinen Worten: „Ich durfte nicht in die Schule. Meine Freunde durften nicht mit mir spielen. Überall standen die Schilder ‚Für Hunde und Juden verboten‘.“

Geschockt sind auch viele, wenn ich über die Beugehaft meiner Mutter berichte, mit der die Gestapo ja erzwingen wollte, dass sie sich von Papa scheiden lässt. „Wir wussten gar nicht, dass es so etwas gab – das ist ja entsetzlich.“

„Tränen und Gänsehaut“ – so berichten Schüler über ihre Reaktionen, wenn ich die entsetzlichen Lebensumstände im Lager schildere: die furchtbaren Anstaltsklamotten, der allüberall herrschende Gestank, die immerwährende Kontrolle. Meinen Zuhörern prägen sich dabei Sätze von mir ein – das weiß ich aus Zuschriften –, die sinngemäß so lauten: „Wir durften nichts mitnehmen ins KZ. Wir hatten alles verloren . . . Ich und meine Schwester wurden getrennt, uns wurden die Haare rasiert . . . Wenn wir mal auf die Toilette gehen wollten, wurden wir immer und überall kontrolliert . . . Man konnte nichts machen, alles wurde beobachtet . . . Wohin man auch gehen wollte, immer brauchte man einen Passierschein oder eine Bescheinigung . . . Man bekam keine Pakete und keine Post von draußen, man durfte nicht telefonieren, keine Briefe schreiben, es gab keine SMS, keine E-Mail, kein Twitter, kein Smartphone, kein Skype . . . Und es stand schon lange vorher fest, dass wir in Auschwitz vergast werden sollten – wir wurden zwei Tage vor diesem Datum gerettet!“

Da sagen dann manche: „Ich hätte Ihnen damals geholfen, Frau Erbrich! Ich hätte keine Angst gehabt!“ Da muss ich den jungen Menschen erst mal erklären, dass dies damals eben nicht so einfach gewesen wäre . . . dass sie alleine keine Chance gehabt hätten . . . dass sie überhaupt nicht mit mir hätten sprechen können . . .

Ich habe den Eindruck, dass die Schülerinnen und Schüler – egal welchen Alters – dankbar sind für solchen Vortrag, der Bezug zu ihrem Alltag und ihrem Leben herstellt. Die Lehrerinnen und Lehrer sagen jedenfalls, ich könne gut mit Kindern umgehen. Vielleicht kommt da ja die Kindergärtnerin durch, die ich mal werden wollte.

Die Kinder haben jedenfalls keine Scheu, mir Fragen zu stellen. Was immer sie auch fragen, soweit es mir möglich ist, erhalten sie eine Antwort. Auch

Fragen nach meiner Behinderung. Nein, so sage ich dann, das ist nicht vom KZ her, das habe ich von Geburt an, ich bin so auf die Welt gekommen.

Selten höre ich dummes Zeug wie „Ihr Juden müsst doch keine Steuern zahlen!“ – was ich dann gleich dementieren kann. Provo-„Nazis“, Auschwitz-Leugner, anti-israelische Stimmung auf Schulhöfen habe ich nicht erlebt. Nur einmal kam ein Junge zu mir, der gestand mir, dass er negativ zum Judentum eingestellt sei. „Nach Ihrem Vortrag muss ich das aber nochmal überdenken, Frau Erbrich.“

Da gibt es auch den türkischen Jungen, 16 Jahre, der mir sagt, er fände es toll, wie meine Einstellung zu Religion, Nationalitäten und Hautfarben wäre, wo ich doch so eine schlimme Zeit erlebt hätte. „Sie sind eine tolle starke Frau.“

Oder der Junge von zwölf Jahren. Ich dachte, er will mir nur auf Wiedersehen sagen, aber er sagte mir: „Nein, Frau Erbrich, ich möchte Ihnen die Hand geben, denn wenn ich mal groß bin und Kinder habe, dann erzähle ich ihre Geschichte und kann sagen, ich habe einer Zeitzeugin die Hand gedrückt.“

Sowas gibt mir Kraft, weiterhin als Zeitzeugin tätig zu sein. Denn viele mögen ja glauben (und manche sagen das auch): Das, was Du da machst, liebe Edith, ist ja wohl doch schon Routine. Die muss ich eines Besseren belehren: Routine, das wird es nie! Es geht mir nach wie vor nahe, von den Erlebnissen zu erzählen. An bestimmten Tagen – dem Jahrestag unserer Deportation zum Beispiel oder dem der Nacht, in der wir ausgebombt worden sind – greift und springt mich das auch immer noch an: Die Angst, dass sowas nochmal wiederkommt, die ist immer noch in mir!

Doch die mir oft gestellte Frage „Wo nehmen Sie die Kraft her?“ beantwortet das ja nicht. So richtig weiß ich es auch nicht. Ich denke, ich bin mit mir im Reinen. Und ich glaube auch, dass die Dankbarkeit der Schülerinnen und Schüler mir die Kraft gibt. Diese Dankbarkeit äußert sich nicht zuletzt auch in hunderten von Briefen, die mir Schüler geschrieben haben und schreiben. In nahezu jedem steht: Bleiben Sie gesund! Machen Sie weiter! Sie sind eine so starke Frau!

Viele Briefe sind mit soviel Liebe geschrieben, mit Blumen bemalt, mit Zeichnungen versehen. Einfach toll! Die Kids möchten, dass ich immer wieder komme.

Und viele ihrer Lehrerinnen und Lehrer verabschieden sich schon von mir mit dem Satz: „Sie kommen doch wieder, wenn ich eine neue Klasse habe!“

Bundesverdienstkreuz

Im September 2007 bekam ich ein Schreiben vom Bundespräsidialamt aus Berlin. Wieso? Als ich den Brief öffnete und las, war es gut, dass ich saß.

Es war die Einladung nach Berlin zur Verleihung des Bundesverdienstkreuzes am Band, vom Bundespräsidenten Horst Köhler persönlich.

Ich dachte zunächst, das sei ein Witz. Dann las ich das Schreiben immer wieder, bis ich begriff, dass es stimmte, was ich las.

Wie komme ich zu dieser Ehre? Ich rief meine Freundin Ella an: „Setz dich, ich muss dir was sagen." Ihre Reaktion: „Du hast es verdient!" Ich durfte eine Person als Begleitung mitnehmen – also Ella. Ich brauchte jemanden, der mich beruhigt, ich hatte ein nicht zu beschreibendes Lampenfieber.

Und es musste eine gediegene Garderobe her. Ella und ich zogen los, fanden auch was. Danach eilten wir zu einer Veranstaltung des Evangelischen Regionalverbandes, bei dem Ella arbeitete, in der Katharinenkirche. Dort traf ich den Fernsehreporter Franco Foracci vom Hessischen Rundfunk, dem ich von der Verleihung am 4. Oktober erzählte. Der war ganz angetan und begeistert, leitete sofort alles in die Wege, um mit uns nach Berlin fahren zu können. Das war vielleicht ein Trubel. Jeder dachte, welcher Promi kommt denn da. Aber es war nur ich. Wir haben uns köstlich amüsiert.

An Vater Norberts Geburtstag – 98 Jahre alt wäre er an diesem 4. Oktober 2007 geworden – bekommt Edith das Bundesverdienstkreuz im Schloss Bellevue.

Bei der Verleihungszeremonie im Schloss Bellevue wurde ich – es ging nach dem Alphabet – als siebte aufgerufen. Ich ging auf den Bundespräsidenten zu; er gab mir lächelnd die Hand und sagte: „Sehen Sie Frau Erbrich, so kreuzen sich unsere Wege." Ich war sprachlos, und dann erinnerte ich mich: Ich hatte den Katalog „Kinder im KZ Theresienstadt" im Jahr zuvor im Auftrag des Studienkreises an den Bundespräsidenten geschickt und im Anschreiben den Satz geschrieben – ich weiß heute nicht mehr warum – „vielleicht kreuzen sich ja mal unsere Wege."

Als alle ihre Auszeichnungen hatten, wurde die Nationalhymne gespielt. Alle erhoben sich von den Plätzen. Das war zuviel für mich, ich konnte meine Tränen nicht zurückhalten, denn es wäre der Geburtstag meines Vaters gewesen. Was für ein Tag!

Befreiungstag

Im Jahr nach der Bundesverdienstkreuzverleihung habe ich auf meine alten Tage noch mal eine Tradition begründet, zu der mich junge Leute angestiftet hatten: am Befreiungstag nach Theresienstadt zu fahren und zu feiern! Die Idee dazu kam auf im Jugendzentrum Bingen, wo ich auf Vermittlung der Hessischen Landeszentrale für politische Bildung Vorträge hielt, und wurde fortgesponnen von Studenten im „Haus Mainusch" der Uni Mainz. Unterm Strich kam dabei heraus: Wir machen jährlich eine Exkursion zur Gedenkstätte Theresienstadt.

Die Terminierung habe ich vorgegeben. Jeweils am 7./8. Mai sollten wir dort sein – dem Tag, an dem ich die Befreiung im KZ erlebte.

Das Datum kommt nicht von ungefähr. Ich würde eher meinen Geburtstag vergessen als diesen 7./8.Mai 1945. Das war der schönste Tag meines Lebens. Ich kann das nicht beschreiben, nicht in Worte fassen – dieses Gefühl „Du bist frei!" Wir Kinder hatten ja keinerlei Begriff von dem, was „frei sein" bedeutet – bis zu dieser Nacht, in der alles anders wurde im KZ. Dieser Befreiungstag ist für mich ein Fest für das Leben – und dieses Fest gilt es zu feiern, auch und gerade vor Ort in Theresienstadt.

Das galt für alle diese Gedenkstättenexkursionen, die ja doch – so sollte man meinen – einen traurigen Anlass und ein mitnichten heiteres Thema hatten. Es war und ist bis heute zum Befreiungstag aber immer eine tolle Truppe unterwegs – Mädels und Jungs, die mir ans Herz gewachsen sind. Mit denen habe ich oft und viel gelacht, denn: Wir lassen uns das Lachen nicht verbieten! Wir sind keine Opfer geworden! Wir sind wer und bleiben

Universität Mainz » 43. Jahrgang » **Campus** « Juni 2011 » unipress #372 » Seite 7

„Das Lachen dürfen wir niemals verlernen“

Interview mit einer Zeitzeugin

Ein Interview mit Edith Erbrich, die als Kind in das Ghetto von Theresienstadt deportiert wurde und dort 1945 die Befreiung durch die Rote Armee erlebte. Außerdem standen Rede und Antwort: Die Mitfahrerinnen und Mitfahrer der viertägigen Exkursion des Haus Mainusch nach Theresienstadt, die von Frau Erbrich als Zeitzeugin begleitet wurden.

» *Sven Müller: Frau Erbrich, Sie engagieren sich im „Studienkreis Deutscher Widerstand 1933 - 1945. Was genau umfasst Ihre Tätigkeit?*

Edith Erbrich: Ich bin nicht nur im Studienkreis aktiv, sondern auch viel für die hessische Landeszentrale für politische Bildung oder privat unterwegs. Ich gehe als Zeitzeugin vor allem an Schulen, um der Jugend im Geschichtsunterricht, aber auch im Religionsunterricht, die Zeit des Holocaust aus der Sicht eines Kindes näher zu bringen. Das mache ich jetzt seit zehn Jahren, seit ich in Rente bin. Damals hat mich der Studienkreis angesprochen, im Rahmen einer Ausstellung mit Kinderzeichnungen aus dem Konzentrationslager Theresienstadt, an der ich dann mitgearbeitet habe. Von da an hat sich meine Arbeit immer weiter entwickelt.

Können Sie beschreiben, wie es sich anfühlt, jungen Menschen von Ihren Erlebnissen in Theresienstadt zu berichten? Welche Erfahrungen machen Sie bei Ihren Besuchen und mit den Menschen, die Ihnen zuhören?

Ich erfahre immer viel Anerkennung und Hochachtung von den Menschen, die ich treffe. Ich glaube, das liegt daran, dass ich so „normal“ geblieben bin. Ich habe ein ganz normales Leben geführt, trotz der Deportation und der Zeit in Theresienstadt. Ich bekomme viele Briefe von Kindern, Lehrern und Rektoren, die sich bei mir für meine Besuche bedanken. Nur ein oder zwei Mal habe ich erlebt, wie sich Menschen mir gegenüber sehr dumm und unüberlegt über den Holocaust geäußert haben, das waren aber wirklich Ausnahmen.

Welche Botschaft möchten Sie vermitteln, was wünschen Sie sich, mit Ihrem Engagement bewirken zu können?

Ich spreche über den Holocaust und über meine Erlebnisse für die, die heute nicht mehr darüber sprechen können. Für mich ist es ganz wichtig, dass sich so etwas nie wiederholt!

Was bewirkt diese ständige Auseinandersetzung in Ihnen selbst? Hilft es, Erlebtes aufzuarbeiten, zu verarbeiten?

Das ist schwer zu sagen. Abschließen kann man mit dem, was ich erlebt habe nicht. Aber ich nehme viel für mich mit, wenn ich sehe, wie sich die jungen Leute mit dem Thema auseinandersetzen, wenn ich sehe, was wir gemeinsam bewirken können. Die Dankbarkeit, die man mir entgegenbringt ist natürlich auch etwas sehr Schönes. Auch für mich gibt es ja viele offene Fragen und viele Fragen kann man heute nur noch schwer beantworten. Aber wenn ich nachforsche und hartnäckig bleibe, dann gibt mir das manchmal ein Stück Gewissheit. Unsere Eltern haben nicht darüber gesprochen, mein Vater hat gesagt „Kind lass es ruhen“, ich habe mich ihm gegenüber daran gehalten, aber meine Schwester und ich, wir haben uns ein Leben lang ausgetauscht. Das ist ganz wichtig für uns.

Ist es immer noch etwas besonderes, nach Theresienstadt zurückzukehren? Welche Gefühle stellen sich dabei ein?

Ich spüre vor allem Demut. Viele Erinnerungen kehren zurück, aber man spürt plötzlich auch, dass man das alles durchgestanden hat, ein „normales“ Leben geführt und alles mit sich selbst ausgemacht hat. Wir hatten ja keine psychologische Hilfe damals. Ich merke natürlich dann auch, wie mir viele Dinge immer noch sehr nahe gehen, aber ich schäme mich meiner Tränen nicht, ich verkneife mir das Weinen nicht, das sollen andere machen! Ich merke dann auch: es ist nicht alles selbstverständlich im Leben!

In diesem Jahr waren Sie zum Jahrestag der Befreiung des Lagers – Ihrer Befreiung – in Theresienstadt. Haben Sie an diesem Tag etwas besonderes gefühlt?

Ja, das war was ganz besonderes. Als wir dieses Jahr in Theresienstadt waren und die Stunde der Befreiung näher kam, kam auch plötzlich die Erinnerung an die Freiheit. Dieses Gefühl „Du bist frei“, diesen Begriff, den konnten wir ja früher gar nicht fassen. Bis zu unserer Befreiung wussten wir Kinder nicht, was es bedeutet „frei“ zu sein. Ich habe mich zusammen mit meiner Schwester erinnert, wir haben zueinander gesagt: „Weißt du noch“. Wie wir damals, am Tag nach der Befreiung unser Papiere, das erste Geld bekommen haben – das war was besonderes. Auch wenn wir am Befreiungstag nicht in Theresienstadt sind, telefoniere ich immer mit meiner Schwester und wir erinnern uns gemeinsam. Man kann diesen Tag nicht beschreiben, nicht in Worte fassen. Ich würde eher meinen eigenen Geburtstag vergessen, als den Tag der Befreiung, ich würde vielleicht sagen, es war der schönste Tag meines Lebens.

Sie haben mir schon erzählt, dass Sie die Befreiung am achten Mai ganz spontan mit den Teilnehmern der Gedenkstättenfahrt gefeiert haben. Wie haben Sie diese Situation wahrgenommen?

Ach, mich hat es bös' erwischt [lacht]. Ich friere jetzt noch, wenn ich daran denke, es war ein toller Abend.

Was hat andersherum Euch bewogen, diese Stunde mit Frau Erbrich zu feiern?

Mitfahrer_innen: Wir haben uns einfach darüber gefreut mit Edith und ihrer Schwester mitfeiern zu können, uns mit ihnen freuen zu können! Es war auch toll, zusammen zu sitzen und die beiden so privat miteinander zu sehen.

Was bewirkt die Fahrt zu Gedenk- und Begegnungsstätten wie in Theresienstadt für euch? Warum habt Ihr Euch – einige schon zum zweiten Mal – auf den Weg gemacht?

Das ist verdammt schwer zu sagen! In Theresienstadt zu sein, macht Geschichte präsent und zeigt, wie wichtig es ist, für die Freiheiten, die wir heute haben, einzustehen und zu kämpfen. Es macht den Kampf auch glaubwürdiger, es verändert den Zugang zur Geschichte. Die Geschichte wird aus dem Abstrakten herausgehoben, das ist was anderes, als Texte zu lesen oder Fotos zu sehen. Es wird einem klar: Das gab's ja wirklich, es ist wirklich geschehen, das haben die wirklich gemacht!

Was können junge Menschen aus Theresienstadt mitnehmen, was können sie heute von Zeitzeugen wie Frau Erbrich lernen? Geht es um „anschaulichen Geschichtsunterricht“ oder wirkt diese Art von Auseinandersetzung auf einer ganz anderen Ebene?

Der Ort schafft eine direkte Verbindung zur Geschichte, vor allem, wenn man mit einer Zeitzeugin unterwegs ist. Es ist wie ein Blitz vom Jetzt in die Vergangenheit. Die grausamen Tatsachen konnte man auf einmal „wahrnehmen“, man hat einen viel direkteren Zugang, viel anschaulicher. Die Vorstellung beginnt zu arbeiten, alles wird authentisch. Man lernt zu schätzen, wie gut es uns heute geht. Wir konnten direkt Fragen stellen – an die Zeitzeugen –, konnten ihre leibhaftige Geschichte hören und versuchen zu verstehen. Inhaltlich haben wir kaum etwas neues gelernt, vom Kopf her tut sich nichts, aber man „empfindet“ etwas neues. Das kann einem kein Buch vermitteln!

In unserem ersten Gespräch habt Ihr oft davon gesprochen, dass Theresienstadt „zwei Gesichter“ hat und dass auch Eure Gefühle und Stimmungen oft ganz unterschiedlich waren. Könnt Ihr das noch einmal näher beschreiben?

Ja, Theresienstadt hat diese zwei Gesichter. Die Stadt und das Lager sind zwei Welten. Nach einem Tag in der Kaserne und dem ehemaligen Ghetto kann man abends abschalten, die belastenden Dinge ablegen und sich austauschen. Das hat uns Halt gegeben. Da haben die Gespräche mit den Zeitzeugen auch sehr geholfen! Auch der ganze Zustand der Stadt vermittelt zwei Gefühle. Man sieht Alt und Neu und man empfindet Trauer und Freude. Das sind extreme Gefühle. An einer Wand entdeckt man alte Aufschriften aus der Ghettozeit, an der nächsten Straßenecke kann man sich in eine Pizzeria setzen. Auschwitz beispielsweise ist ein Museum, aber Theresienstadt ist eine Wohnstadt und ein Lager zugleich.

[Frau Erbrich klingt sich ein] Es war so: Zuerst hatten einige der jungen Leute ein richtig schlechtes Gewissen, lustig zu sein. Aber eines ist ganz wichtig: Es wäre nicht im Sinne der Menschen, die in Theresienstadt gestorben sind, dass dort heute nicht mehr gelacht wird! Wenn wir nicht hätten lachen können, hätten wir unser Leben nicht leben können. Das habe ich von meinem Großvater gelernt! Meine Schwester und ich, wir weinen, wenn wir weinen möchten und lachen, wenn uns danach zu Mute ist, das hat die jungen Menschen angesteckt. Abends zusammen abzuschalten ist ganz wichtig, die Reise wäre sonst einfach schlimm geworden. Das wäre nicht der Sinn der Sache gewesen. Wir wollten ja etwas bewirken und bewegen, es sollte kein Trauerzug werden! Wir haben alle Momente geteilt, zum Beispiel, als ich die Sterbeurkunde meines Opas bekommen habe. Da haben sich alle gefreut.

Die Sterbeurkunde Ihre Großvaters konnte man Ihnen erst bei Ihrem letzten Besuch aus den Archiven der Gedenkstätte fischen. Sie haben endlich mehr über Ihren Großvater erfahren und über seinen Tod in Theresienstadt. Warum war dieser Moment so wichtig?

In Theresienstadt konnte ich endlich die Sterbeurkunde meines Großvaters in den Händen halten. Ich habe so lange danach gesucht und nun habe ich endlich ein Stück Gewissheit. Ich wusste lange nicht: war er in Theresienstadt gestorben oder in Auschwitz? Was war überhaupt mit ihm geschehen? Ich bin ja so skeptische mit all den Dokumenten von damals, oft stimmen die Daten nicht, es wurde ja auch bewusst falsche Angaben gemacht. Aber jetzt weiß ich, was geschehen ist. Meine Schwester und ich konnten nun auch Blumen für unseren Großvater an der großen Menora in Theresienstadt niederlegen. Das war ein ganz wichtiger Augenblick.

Zwischen Euch Organisator_innen und Mitfahrer_innen und Frau Erbrich hat sich schon eine richtige Freundschaft entwickelt. Gab es zu Beginn so etwas wie Berührungsängste?

Nein, da gab es keine Berührungsängste! Wir kennen uns aus ja bereits aus dem JUZ in Bingen und haben uns auf Anhieb gut verstanden. Gleich unser erstes Zeitzeugengespräch ist sehr gut gelaufen und dabei haben wir auch die Idee entwickelt, mit Edith zusammen eine Fahrt nach Theresienstadt. zu organisieren. Uns würde gar nicht mehr einfallen, ohne Edith zu fahren. Wir harmonieren so gut als Gruppe, mit Edith ist es einfach etwas besonderes. Sie passt zu unserer Gruppe und wir passen zu ihr.

Irgendwann wird es keine Zeitzeugen mehr geben, die selbst in Lagern interniert waren. Wie wird das die Auseinandersetzung mit dem Holocaust verändern?

Wenn es irgendwann keine Zeitzeugen mehr gibt, dann gibt es niemanden mehr, der widersprechen kann! Auch wenn es ein ganz subjektives Erleben ist, von dem die Zeitzeugen uns heute berichten, die Geschichtsbücher könnten dann einfach umgeschrieben werden – niemand könnte aufstehen und sagen „Nein, ich habe es erlebt, so ist es nicht gewesen!“. Außerdem geht diese besondere Art von Zugang zur Geschichte verloren.

Wen möchtet Ihr mit den Gedenkstättenfahrten erreichen und wer war auf der letzten Fahrt nach Theresienstadt mit dabei?

Wir möchten natürlich vor allem die Mainzer Studierenden erreichen und viele von denen, die mitfahren, kommen auch aus Mainz. Einige aus Koblenz und Trier waren auch dabei. Wer mitkommt, hat meistens schon ein bestimmtes Vorinteresse an dem Thema.

Es gab nun die erste Gedenkstättenfahrt nach Theresienstadt und eine Ausstellung mit Kinderzeichnungen aus dem Ghetto. Was plant das Haus Mainusch für die Zukunft? Wo kann man sich über eure Initiativen informieren?

Das Haus Mainusch wird weiterhin viel zu diesem Thema arbeiten, wir sind ja auch Mitglied in der LAG, der „Landesarbeitsgemeinschaft der Gedenkstätten und Erinnerungsinitiativen zur NS Zeit in Rheinland Pfalz“. Wir würden zum Beispiel sehr gerne gemeinsam mit Edith eine Fahrt nach Auschwitz organisieren, aber das dauert bestimmt noch bis ins nächste Jahr. Die Gedenk- und Begegnungsstätte in Auschwitz ist lange im Voraus ausgebucht. Auch die nächsten Ausstellungen und Zeitzeugengespräche werden erst wieder im nächsten Jahr stattfinden, wir haben ja jetzt gerade erst viele Veranstaltungen auf die Beine gestellt.

› Das Interview führte Sven Müller

Bild: Hochschulgruppe Haus Mainusch

Edith Erbrich und ihre Schwester Hella Uhrig am Eingang des ehemaligen Konzentrationslagers.

Edith Erbrich und ihre Schwester Hella vorm Eingang des ehemaligen KZ Theresienstadt

es auch, bis wir die Augen schließen! Für mich ist das Glas halb voll und nicht halb leer!

Zuerst hatten einige der jungen Leute ein richtig schlechtes Gewissen, lustig zu sein. Und meine Freundin Rita sprach mich einmal – wohl auch im Namen von anderen, die sich nicht so recht trauten – direkt darauf an: „Wie kann ein Mensch, der so viel Schreckliches an diesem Ort erlebt hat, noch so lebenslustig und so positiv sein?“ Meine Antwort darauf: Es wäre nicht im Sinne der Menschen, die in Theresienstadt gestorben sind, dass dort heute nicht mehr gelacht wird! Abends zusammen abzuschalten, ist ganz wichtig, es soll ja kein Trauerzug werden, denn wir wollen ja etwas bewegen und bewirken! Das habe ich von meinem Großvater gelernt. Er hat uns Enkeln auch in schwerer Zeit immer vermittelt und gesagt: Kinder, wenn wir nicht lachen und uns freuen können, können wir unser Leben nicht leben.

Die Mainzer Hochschulgruppe unterwegs in der Gedenkstätte – allen voran Ludwig Schmitz, der mit Edith Erbrich im gleichen Transport von Frankfurt nach Theresienstadt deportiert wurde

Und so haben sich denn meine jungen Reisebegleiter sogar bei einem eher traurigen Anlass mit mir gefreut: Als ich nämlich 2011 endlich, endlich die Sterbeurkunde meines Großvaters aus dem Theresienstädter Archiv bekam und in Händen halten konnte. Ich hatte so lange danach gesucht und nun endlich ein Stück Gewissheit erlangt. Ich wusste doch lange nicht: War er hier in Theresienstadt gestorben oder in Auschwitz?

Was war überhaupt mit ihm geschehen? Ich wusste nur: Er hat die meiste Zeit seines Lebens unter der Frankfurter Adresse Zeil 29 gelebt – und dort habe ich am 25. April 2008 auch einen Stolperstein für ihn verlegen lassen.

Bei Oma war das Thema tabu. Unsere Eltern haben nicht darüber gesprochen und alle unsere Fragen mit „Kind, lass es ruhen!" abgebügelt. Sie haben uns diese Art Schweigegelübde auferlegt und uns wohl – so meine ich – damit anhalten wollen, uns wie „normale Kinder" zu verhalten. Sie waren damit nicht allein. Auch andere Frankfurter „Mischlings"-Familien vom Transport XII/10, deren nach Theresienstadt deportierten Angehörige überlebten (wie die der Lilo Günzler), gaben sich die Hand drauf, zu verstummen und sich niemals über die schlimmen Jahre öffentlich oder gegenüber Dritten zu äußern. Und der Historiker Arno Lustiger, der den Holocaust überlebte und bis zu seinem Tod im Jahre 2012 in Frankfurt an dessen Erforschung arbeitete, hat mit seinen Kindern nie über seine Shoa-Erlebnisse gesprochen.

In diesem Sinne haben auch unsere Eltern bestimmt gedacht, dass das zu unserem Besten sei, nicht an solche Dinge wie Opas Sterben im KZ zu rühren.

Erst jetzt weiß ich, was mit ihm geschehen ist.

Meine Schwester und ich können nun endlich Blumen für Opa an der großen Menora in Theresienstadt niederlegen.

Glossar

Heimeinkaufsverträge

Nach einem Beschluss der Wannsee-Konferenz und einem Erlass des Reichssicherheitshauptamtes vom 21. Mai 1942 sollten einige tausend Juden aus dem „Altreich" in das „Altersghetto Theresienstadt" übersiedeln. Vorgesehen waren dafür folgende Personengruppen: über 65 Jahre alte und über 55 Jahre alte gebrechliche Juden mit ihren Ehegatten, dann Träger hoher Kriegsauszeichnungen und des Verwundetenabzeichens aus dem Ersten Weltkrieg sowie deren Frauen, ferner jüdische Ehegatten aus nicht mehr bestehenden deutsch-jüdischen Mischehen und schließlich jüdische alleinstehende „Mischlinge", wenn sie nach den herrschenden Vorschriften als Juden galten („Geltungsjuden"). Gemeint waren auch und gerade Leute von einigem gesellschaftlichem Rang: Akademiker, Künstler, Prominente.

Um die „Übersiedlung" legalistisch hieb- und stichfest zu machen, sollten die künftigen „Altersghetto"-Bewohner über die „Reichsvereinigung der Juden in Deutschland" Heimeinkaufsverträge abschließen, in denen gegen Abtretung erheblicher Vermögenswerte Heimunterkunft, Verpflegung, ärztliche Betreuung auf Lebenszeit garantiert wurden.

Und so geschah es denn auch – wie unter anderem ein vertrauliches Rundschreiben der Bezirksstelle Hessen-Nassau der Reichsvereinigung der Juden in Deutschland vom August 1942 belegt. Zitat: „Aus dem Rheinland und aus Westfalen sind in den letzten Wochen fast sämtliche Juden im Alter von 65 Jahren und darüber abtransportiert worden. Dem Vernehmen nach sind die Transporte nach Theresienstadt in Böhmen gegangen. (...) Wir werden daher auch (...) mit der Möglichkeit eines solchen Transportes rechnen müssen (...) Der Abtransport bedeutet für die Abwandernden Einziehung des gesamten Vermögens durch das Reich. Die Reichsvereinigung der Juden in Deutschland in Berlin hat jedoch mitgeteilt, dass mit den Abwandernden Verträge nach dem Muster der mit Altersheiminsassen geltenden Heimeinkaufsverträge geschlossen werden können und sollen. Durch diese Verträge verpflichtet sich die Reichsvereinigung der Juden in Deutschland zur lebenslänglichen Gewährung von Heimunterkunft und Verpflegung. Als Gegenleistung haben die Abwandernden (...) ihr bewegliches Vermögen ganz oder teilweise, entsprechend ihrem Alter, zu übereignen. Dabei wird davon ausgegangen, dass die Abwandernden ein Alter von 85 Jahren erreichen und dass als Verpflegungssatz RM 1800 je Jahr bzw. RM 150 je Monat berechnet wird. (...) Unter beweglichem

Vermögen sind zu verstehen: Alle Bankguthaben, Ansprüche gegenüber Lebensversicherungen, soweit diese Ansprüche beleihbar sind, und auch Wertpapiere. Immobilien (Grundbesitz) können für die Bezahlung der Heimeinkaufssumme keine Verwendung finden. Wir bitten Sie, uns unverzüglich mitzuteilen, welche Beträge Sie unter Berücksichtigung des oben Gesagten für den Abschluss eines Heimeinkaufsvertrags für sich und Ihre Angehörigen zur Verfügung stellen können, damit wir Ihnen dann einen Heimeinkaufsvertrag zur Unterzeichnung zusenden."

Viele Juden aus Frankfurt schließen solche Verträge ab (auch solche für andere Bedürftige!) – darunter auch Ediths Großeltern. Ihnen wird Unterkunft, Verpflegung und ärztliche Betreuung suggeriert. Tatsächlich finanzieren sie damit ihren Aufenthalt im Ghetto Theresienstadt – das Geld selbst kassiert später das Reichssicherheitshauptamt. Allein für die Deportation am 1. September 1942 wurden in Frankfurt Verträge in Höhe von etwa zwei Millionen Reichsmark abgeschlossen.

Den Menschen wurde vorgegaukelt, sie könnten einen wohlverdienten, beschaulichen Ruhestand in idyllischer, gar „lieblicher" Umgebung genießen. Sie wurden getäuscht: Theresienstadt war ein Zwangsaufenthalt, der sich in seinen Bedingungen kaum von einem KZ unterschied. Man hat sie an einen mörderischen Ort verschleppt, erniedrigt, gedemütigt, entrechtet, ausgeplündert und zu Tode gebracht.

„Mischlinge"

Das „Gesetz zum Schutze des deutschen Blutes und der deutschen Ehre" vom 15. September 1935 verbot künftige „Eheschließungen zwischen Juden und Staatsangehörigen deutschen oder artverwandten Blutes". Die Novellierung des Reichsbürgergesetzes im gleichen Jahr dekretierte, dass die Kinder aus bereits bestehenden „Mischehen" als „Mischling" einzustufen sind. Definition: „Jüdischer Mischling ist, wer von einem oder zwei der Rasse nach volljüdischen Großelternteilen abstammt".

„Mischehen" und „Mischlinge" waren während der NS-Zeit massiven Schikanen und Pressionen ausgesetzt. So wurden mit Erlass vom 2. Juli 1942 die „Mischlinge 1. Grades" vom Schulbesuch ausgeschlossen.

Die Teilnehmer der Wannsee-Konferenz vom 20. Januar 1942 fällen dann das Todesurteil über „Mischlinge 1. Grades", wie es Edith und Hella Bär ja laut Reichsbürgergesetz von 1935 waren. Im Protokoll heißt es: „Mischlinge 1. Grades sind im Hinblick auf die Endlösung der Judenfrage den Juden gleichgestellt." Das hieß in letzter Konsequenz: Die werden vergast!

Dazu kam es indes nicht mehr. „Mischlings"-Deportationen erfolgten nämlich erst in den letzten Tagen des Krieges – im ersten Quartal des Jahres 1945. Zu diesem Zeitpunkt gab es keine Vernichtungslager mehr.

Nahezu alle deportierten „Mischlinge" kehrten von daher wieder in ihre Heimatorte zurück. Das Gros von ihnen schwieg jedoch über das, was ihnen widerfahren war – obgleich sie doch Opfer waren und nun mit den Tätern hätten abrechnen können.

Über die Motive für dieses Verhalten hat die Historikerin Beate Meyer geforscht und das Fazit ihrer Recherchen und Zeitzeugen-Interviews in ihrem Standardwerk „Jüdische Mischlinge" – Rassenpolitik und Verfolgungserfahrung 1933–1945" gezogen. Zitat: „Nach dem Kriegsende legte die deutsche Mehrheitsbevölkerung den ehemals als „Mischlinge" Verfolgten keine Hindernisse in den Weg der Reintegration – vorausgesetzt, diese bewahrten Stillschweigen über ihr Verfolgungsschicksal und erhoben keine Vorwürfe gegen die ehemals begeisterten Mitläufer oder Täter. Brachen die „Mischlinge" das Schweigen, rührten sie an die Schuld, denn die Schutzbehauptung von den fernen „KZ's" – womit die Vernichtungslager gemeint waren – nichts gewusst zu haben, konnte gegenüber den „Mischlingen" nicht überzeugend angeführt werden. Das weit entfernte Mordgeschehen in den besetzten Ländern konnte „den Nationalsozialisten", „der SS" oder auch den rekrutierten ausländischen Mordgehilfen zugeschrieben werden. **Die Verfolgung der „Mischlinge" jedoch hatte vor aller Augen inmitten der Mehrheitsgesellschaft stattgefunden.** (Hervorhebung von mir. P. H.) Die Akteure waren nicht nur die Gestapo oder die SS, sondern auch Hausmeister, Lehrer, Arbeitskollegen, Beamte, Arbeitsvermittler oder Nachbarn gewesen. (...) Die Vielzahl der Denunziationen, (...) die Kündigung von Arbeitsstellen oder Wohnungen oder alltägliche antisemitische Pöbeleien im Treppenhaus waren dort geschehen, wo Verfolgte und „Volksgenossen" auch jetzt noch zusammentrafen. Ihre „Bewältigung" schien nur so lange möglich, wie die Betroffenen schwiegen. Versuchten sie ihre Erfahrungen mitzuteilen, stießen sie oft genug auf heftige Ablehnung, auf Versuche der Verharmlosung oder nur notdürftig kaschierte Reste antisemitischer Haltungen.

Doch nach den ersten, von Hunger und Kälte geprägten Jahren kam der wirtschaftliche Wiederaufbau und die politische Reorganisation der Bundesrepublik Deutschland den Wünschen der ehemaligen „Mischlinge" ebenso entgegen wie denen der ehemaligen „Volksgenossen". Die Ausgegrenzten und die Mehrheitsbevölkerung trafen sich in ihrem Bedürfnis nach geordneten Verhältnissen, Wohlstand und einem Staat, der in erster

Linie Privatheit garantierte. Der Blick richtete sich nicht auf die vergangenen zwölf Jahre NS-Herrschaft, sondern nach vorn auf den Wiederaufbau. Bei der „Transformation der ‚Volksgenossen' zum ‚Otto Normalverbraucher' schienen beide Gruppen dasselbe Ziel anzustreben – es sei denn, störende Zwischentöne erinnerten daran, dass es vor nicht allzu langer Zeit anders gewesen war.

Den ehemaligen Verfolgten lag viel daran, wieder vom Rand in die Mitte der Gesellschaft zurückkehren zu können. Darauf arbeiteten sie hart und zielstrebig hin. Sie pflegten die im demokratischen Staat nun wieder existierende Privatsphäre."

Reichsvereinigung der Juden in Deutschland (RV)

Die RV wurde im Juli 1939 per Gesetz geschaffen – als Zwangszusammenschluss aller bis dahin noch bestehender jüdischen Organisationen und Stiftungen, insbesondere der Fürsorgeeinrichtungen, wie beispielsweise der „Jüdischen Wohlfahrtspflege" in Frankfurt, bei der Edith Erbrichs Vater Norbert Bär ja von 1937 an arbeitete.

Die RV war dem Reichssicherheitshauptamt unterstellt. Sie hatte vor allem die Aufgabe, Deportationslisten zusammenzustellen, Befehle der Gestapo weiterzugeben und die Statistik über die Deportationen zu führen.

Theresienstadt

Theresienstadt ist zwischen 1780 und 1790 von den Habsburgern als militärische Festung und Garnisonsstadt erbaut worden – mit Kasernen, Erdwällen, Bastionen und einem System von 30 Kilometer langen unterirdischen Gängen.

Die Anlage am Zusammenfluss von Elbe und Eger, 60 Kilometer nordwestlich von Prag, war in drei größere Areale gegliedert: „Große Festung", „Kleine Festung" und „Verschanzung". 1846 erhält die Kommune Wappen und Siegel einer (auch zivilen) Königsstadt. Den ausschließlich militärischen Status als „Festung" verliert Theresienstadt 1888.

Die „Kleine Festung" fungierte unter den Habsburgern (und später auch in der Tschechoslowakischen Republik) über Jahrzehnte als Militärstrafanstalt. Im Juni 1940 machte die Prager Gestapo sie zum Polizeigefängnis. Insgesamt 27.000 Männer und 5.000 Frauen waren hier inhaftiert. Haftgründe: Zugehörigkeit zu einer Widerstandsorganisation, „reichsfeindliche" Tätigkeiten allgemein. Nahezu die Hälfte der Gefangenen wurden von hier aus in andere Konzentrationslager deportiert.

Die „Große Festung“ wird Ghetto zur „Lösung der Judenfrage im Protektorat Böhmen und Mähren“. Das beschließen am 10. Oktober 1941 in Prag die SS-Oberen unter Reinhard Heydrich und Adolf Eichmann. Sie dekretieren die Einrichtung eines Sammel-, Durchgangs- und Transitlagers – zunächst für Juden aus dem Protektorat, vom Juni 1942 an für Juden aus dem gesamten NS-Machtbereich, insbesondere auch für diejenigen, die für das „Altersghetto Theresienstadt“ (siehe Stichwort „Heimeinkaufsverträge“) bestimmt sind.

Die sogenannte „Aufbau“-Order von Heydrich/Eichmann wird bereits im Oktober/November 1941 umgesetzt. Theresienstadt wird in der Tat Ghetto – die ersten Transporte rollen zu diesem Bestimmungsort.

Die Transporte aus Theresienstadt in den Osten beginnen im Januar 1942; der erste Transport von Theresienstadt nach Auschwitz wird am 26. Oktober 1942 abgefertigt. Es ist der erste mit diesem Ziel, es folgen 24 weitere zu diesem tödlichen Bestimmungsort. Bis zur Befreiung des Lagers am 7./8. Mai 1945 sind es 44.000 Häftlinge, die von Theresienstadt aus ins Vernichtungslager und in die Gaskammern von Auschwitz verschleppt werden. Mehr als 40.000 weitere Theresienstädter Häftlinge treten die Todesfahrt in andere KZ's an. Theresienstadt gilt als „Wartezimmer des Todes“.

Die Aufsicht über Theresienstadt hatte die „Zentralstelle für jüdische Auswanderung in Böhmen und Mähren“, die dem Reichssicherheitshauptamt in Berlin unterstand. Die SS verwaltete das Ghetto, die tschechoslowakische Gendarmerie unterm Kommando eines SS-Mannes bewachte das Lager.

Die Binnenverwaltung, die sogenannte „jüdische Selbstverwaltung“, wurde an die Insassen delegiert. An der Spitze stand der „Ältestenrat“ mit dem „Judenältesten“ als Frontmann. Echte Entscheidungsbefugnisse hatten die Juden in dieser bürokratischen Organisation mitnichten – sie mussten in jeder Beziehung den Befehlen der SS Folge leisten, nach deren Vorgaben die Deportationslisten zusammenstellen, die Zwangsarbeit verteilen, „die Ordnung aufrechterhalten“, die „kulturellen Aktivitäten“ organisieren, Lebensmittel und Wohnraum zuteilen. Wobei im Ghetto qualvolle Enge herrschte. In einer Stadt, die Anfang der 1930er-Jahre gerade mal 7.000 Einwohner hatte, mussten im September 1942 über 53.000 Menschen zusammengepfercht werden.

Insgesamt wurden 141.000 Juden nach Theresienstadt deportiert, wobei im April und Mai 1945 aus den sogenannten Evakuierungstransporten nochmal 15.000 KZ-Häftlinge dazukamen. Über 75.000 stammten aus der

Tschechoslowakei, 42.345 aus Deutschland, 15.324 aus Österreich, 4.897 aus Holland, 1.270 aus Polen, 1.074 aus Ungarn, 466 aus Dänemark.

In Theresienstadt selbst sind 33.500 Menschen zu Tode gekommen.

88.000 Menschen wurden in mehr als 60 Transporten von Theresienstadt aus in Vernichtungslager deportiert – von diesen haben 3.500 überlebt.

Von den 141.000 nach Theresienstadt Deportierten wurden also insgesamt 118.000 ermordet, 23.000 kamen mit dem Leben davon.

Eine besondere Häftlingsgruppe waren die Kinder. Insgesamt waren 10.500 Mädchen und Jungen im Altern „unter 15 Jahre" in Theresienstadt gefangen. 400 starben im Ghetto, 7.500 wurden von hier aus in andere Lager deportiert – es überlebten von diesen lediglich 250.

Danksagung und Editorial

Die von Peter Holle quasi als Ghostwriter aufgezeichnete Lebensgeschichte von Edith Erbrich stützt sich im wesentlichen auf sechs Stunden Tonbandinterviews und ungezählte Gespräche, die wir im Laufe einiger Jahre geführt haben; des weiteren auf 200 Blatt handschriftliche, unpublizierte Manuskripte von Edith Erbrich; auf die Mitschnitte von diversen Radiointerviews und DVD-Aufzeichnungen etlicher Fernsehsendungen des Hessischen Rundfunks, in denen Edith Erbrich befragt und porträtiert wurde und die in den zurückliegenden zehn Jahren gesendet und ausgestrahlt wurden. Beigezogen worden sind natürlich auch das halbe Dutzend gedruckte Kurzbiographien über Edith Erbrich – die Referenzen hierfür finden sich im Literaturverzeichnis.

Nicht im einzelnen aufgeführt werden konnten im Literaturverzeichnis aus Platzgründen die ungezählten Zeitungsartikel, die über Edith Erbrichs Zeitzeugen-Engagement zum Thema Theresienstadt im besonderen und über das Thema Holocaust-Gedenken im allgemeinen erschienen sind. Zugang zu diesen haben Redaktionen, Redakteure und Archive der in Langen erscheinenden Publikationen ermöglicht: „Offenbach Post" (OP) mit ihrem Kopfblatt „Langener Zeitung" (LZ), „Frankfurter Rundschau" (FR), „Frankfurter Neue Presse" (FNP), „Frankfurter Allgemeine Zeitung" (FAZ) und „Dreieich Spiegel" (jetzt „Dreieich Zeitung"). Für ihre stets freundliche Unterstützung sei Journalisten und Archivaren gedankt, wobei in diesen Dank ausdrücklich der ehemalige Leiter des Langener Stadtarchivs, Herbert Bauch, eingeschlossen ist. Er hat Peter Holle mit Uralt-Zeitungsartikeln und Doku-Materialien über die Vor-, Gründungs-, Bau- und Pioniergeschichte der Langener Wohnstadt Oberlinden versorgt. Weitere Zahlen, Daten, Fakten über die „Trabantensiedlung", in der Edith Erbrich seit 1963 wohnt, verdanke ich, Peter Holle, den Materialien-Sammlungen, die Dr. Manfred Neusel herausgegeben hat und die im Literaturverzeichnis aufgeführt sind.

Die weiteren zeit- und lebensgeschichtlichen Rahmendarstellungen, die Edith Erbrichs Leben „in ihrer Zeit" flankieren, basieren unter anderem auf Primär- und Sekundärquellen aus folgenden Institutionen und Materialsammlungen: Privatarchive Edith und Hella sowie des Nachlasses Norbert Bär; Francfortensien-Abteilung der Stadtbücherei Frankfurt am Main; Veröffentlichungen des Jüdischen Museums Frankfurt am Main, des

Fritz-Bauer-Instituts in Frankfurt am Main und des Studienkreises Deutscher Widerstand.

Bei seinen Recherchen zum Frankfurter Ostend und zur Frankfurter Kriegs- und Nachkriegsgeschichte hat Peter Holle – nicht zum ersten Mal in diesem Leben – seinen Freund Dr. Thomas Bauer „angezapft" – „den" Frankfurter Stadthistoriker, Autor etlicher Francfortensischer Stadardwerke und Mit-Macher/Mit-Kurator der Ausstellung „Heimat/Front – Frankfurt am Main im Luftkrieg", die 2013/2014 im Karmeliterkloster lief. In diesem Zusammenhang auch Dank an das Frankfurter Institut für Stadtgeschichte (IfS), insbesondere an Lutz Becht M. A. und Dr. Michael Fleiter. Lutz Becht, bei dem im IfS die Abteilung „Sonderforschung" ressortiert, hat für uns städtische (Personal)-Akten zu Edith Erbrichs Vater, Norbert Bär, gesucht und gefunden und zur Verfügung gestellt. Dr. Fleiter, der die Public-Relations-Abteilung leitet und im IfS im Dezember 2013 auch ein Erzählcafé mit Edith Erbrich veranstaltete, verdankt Peter Holle wertvolle und gewichtige Infos und Hinweise zur kommunalen NS-„Judenpolitik" während des Zweiten Weltkrieges.

Dokumente zu Norbert Bär hat uns auch das Hessische Hauptstaatsarchiv Wiesbaden in Kopie zur Verfügung gestellt.

In dem Buch sind 53 Abbildungen enthalten. 48 stammen aus dem Privatarchiv von Edith Erbrich, fünf aus dem Archiv von Peter Holle.

Mit Rat und Tat und Sponsoring gefördert haben das Buchprojekt: die Stadt Langen, die Bürgerstiftung Langen, die Stadtwerke Langen, die evangelische Stadtkirche in Langen (insbesondere die Johannesgemeinde), die Sparkasse Langen-Seligenstadt, der Verkehrs- und Verschönerungsverein (VVV) Langen (aus LAIGK-Mitteln), die Initiative Stolpersteine Langen, der SPD-Ortsverein Langen, die Stiftung „Miteinander Leben" des Kreises Offenbach, die Hessische Landeszentrale für politische Bildung, die IG Metall in Frankfurt und last but not least die Hochschulgruppe „Haus Mainusch" der Universität Mainz.

Bei diesen allen bedanken wir uns ganz, ganz herzlich!

Am Ende dieser Danksagung und dieses Editorials steht eine Entschuldigung. Natürlich werden wir wohl leider einige „vergessen" haben, die uns unterstützt haben, das Buch zu stemmen. Sorry, das war mitnichten böse Absicht, sondern ist – um es mit Heinrich von Kleist zu sagen – der

„Gebrechlichkeit der Welt“ geschuldet. Gebt uns Pardon und glaubt’s: Wir danken allen, die uns bei diesem Werk geholfen haben, aus vollem Herzen!

Edith Erbrich und Peter Holle

Bürgerstiftung Langen

Sparkasse Langen-Seligenstadt

Stadtwerke Langen

Langen RheinMain

stiftung miteinander leben

Verkehrs- und Verschönerungs-Verein 1877 Langen e.V.
Dreieichring 28 · 63225 Langen
Webseite: www.vvv-langen.de

Literaturverzeichnis

Adamitz, Horst und Schild, Karl: Nazis in Langen – Terror vor und während der Zeit des Nationalsozialismus, Langen 1983

Adamitz, Horst und Meeth, Klaus-Peter: Langen wie es kaum noch jemand kennt und manche nicht mehr kennen wollen – Ein alternativer Stadtführer, Langen 1984

Adler, H. G.: Der verwaltete Mensch, Tübingen 1974

Adler, H. G.: Theresienstadt 1941–1945 – Das Antlitz einer Zwangsgemeinschaft, Göttingen 2012

Antifaschistisches Aktionsbündnis Friedensinitiative Langen: Langen – Stadtführer 1933–1945, Langen 1997

Backhaus, Fritz (Redaktion) und Heuberger, Georg (Hrsg.): „Und keiner hat für uns Kaddisch gesagt ...“ – Deportationen aus Frankfurt am Main 1941–1945 (Katalog zur Ausstellung im Jüdischen Museum Frankfurt am Main 2004/2005), Frankfurt am Main 2005

Balser, Frolinde: Aus Trümmern zu einem europäischen Zentrum – Geschichte der Stadt Frankfurt am Main 1945–1989, Sigmaringen 1995

Bauer, Thomas: „Seid einig für unsere Stadt“ – Walter Kolb, Frankfurter Oberbürgermeister 1946–1956, Frankfurt am Main 1996

Bendix, Werner: Die Hauptstadt des Wirtschaftswunders, Frankfurt am Main 2002

Benz, Wolfgang: Theresienstadt, München 2013

Bourke-White, Margaret: Deutschland – April 1945, München 1979

Bubis, Ignatz: „Damit bin ich noch längst nicht fertig“, Frankfurt am Main 1996

Daume, Heinz u. a. (Hrsg): Getauft, ausgestoßen – und vergessen? Zum Umgang der evangelischen Kirchen in Hessen mit den Christen jüdischer Herkunft im Nationalsozialismus, Hanau 2013

Diamant, Adolf: Gestapo Frankfurt a. M. – Zur Geschichte einer verbrecherischen Organisation in den Jahren 1933–1945, Frankfurt am Main 1988

Esser, Brigitte und Venhoff, Michael (Redaktion): Chronik des Zweiten Weltkriegs, Gütersloh/München 2004

Fleiter, Michael: Heimat/Front – Frankfurt am Main im Luftkrieg, Frankfurt am Main 2013

Fogel, Heidi: Eine Stadt zwischen Demokratie und Diktatur – Dokumentation zur Geschichte Langens von 1918–1945, Langen 1983

Friedländer, Saul: Das Dritte Reich und die Juden (2 Bde), München 1998 und 2006

Friedrich, Jörg: Der Brand, München 2002

Gottwaldt, Alfred und Schulle, Diana: Die „Judendeportationen aus dem Deutschen Reich 1941–1945 – Eine kommentierte Chronologie, Wiesbaden 2005

Günzler, Lilo: Endlich reden, Frankfurt am Main 2011

Hasselbach, Ingo: Die Abrechnung – Ein Neonazi steigt aus, Berlin und Weimar 1993

Hebauf, Renate: Gaußstraße 14 – Ein „Ghettohaus" in Frankfurt am Main, Hanau 2010

Heimes, Ernst: Mirjam Ghettokind – Schauspiel über das Ghetto Theresienstadt und die Kinderoper Brundibär, Frankfurt am Main 2011

Hoffmann, Hilmar: Frankfurts Oberbürgermeister 1945–1955, Frankfurt am Main 2012

Jüdisches Museum Frankfurt am Main (Hrsg.): Ostend – Blick in ein jüdisches Viertel, Frankfurt am Main 2004

Kempowski, Walter: Das Echolot, Abgesang '45 – Ein kollektives Tagebuch, München 2005

Kershaw, Ian: Das Ende, München 2011

Kingreen, Monica (Hg.): „Nach der Kristallnacht" – Jüdisches Leben und antijüdische Politik in Frankfurt am Main 1938–1945, Frankfurt am Main/New York 1999

Klösel, Gerald: Entstehung und Entwicklung der Wohnstadt Oberlinden, Diplomarbeit Freising/Weihenstephan 1993

Klüger, Ruth: weiter leben – Eine Jugend, München 2008

Kömpel, Wilhelm: Die Wohnstadt Oberlinden in Langen – Chronologie ihrer Entstehung (unveröffentlichtes Manuskript), Langen 2003

Kömpel, Wilhelm: Das Waldstadion Oberlinden in Langen – Vorgeschichte und Entstehung (unveröffentlichtes Manuskript), Langen 2002

Krause-Schmitt, Ursula; Leissing, Barbara; Schmidt, Gottfried (Redaktion): Kinder im KZ Theresienstadt – Zeichnungen, Gedichte, Texte (Ausstellungskatalog, herausgegeben vom Studienkreis Deutscher Widerstand), Neu-Isenburg 2006

Lewinsky, Charles: Gerron, München 2011

Lorei, Madlen und Kirn, Richard: Frankfurt und die drei wilden Jahre, Frankfurt am Main 1962

Magistrat der Stadt Langen (Hrsg.): Langen: Eine Stadt auf dem Weg – Verwaltungsbericht 1966 bis 1986, Langen 1987

Magistrat der Stadt Langen (Hrsg.): Stadt Langen – Das fünfte Quartal, Langen 2008

Magistrat der Stadt Langen (Hrsg.): Lila Langen Frauengeschichte(n), Band 2, Langen 2012

Mettenheim, Amelis von: Die zwölf langen Jahre – Eine Familiengeschichte im Dritten Reich, in: Archiv für Frankfurts Geschichte und Kunst, Band 65/1999, Frankfurt am Main 1999

Meyer, Beate: „Jüdische Mischlinge" – Rassenpolitik und Verfolgungserfahrung 1933-1945, Hamburg 1999

Militärgeschichtliches Forschungsamt (Hrsg.): Das Deutsche Reich und der Zweite Weltkrieg, Bd. 10/1: Der Zusammenbruch des Deutschen Reiches 1945 – Die militärische Niederwerfung der Wehrmacht, München 2008

Neusel, Manfred: Im Linden und Oberlinden – Langens südwestliche Stadtteile, Groß-Gerau 2011

Rautenberg, Hans-Josef: Shorts Erinnerungen, Re Di Roma-Verlag 2013 (ohne Ortsangabe)

Schembs, Hans-Otto: Frankfurt in den Jahren 1945-1960, Würzburg 1987

Schmid, Armin: Frankfurt im Feuersturm, Frankfurt am Main 1965

Stadt Frankfurt am Main, Presse- und Informationsamt (Hrsg.): Jüdisches Leben in Frankfurt am Main, Frankfurt am Main 1999

Stadt Frankfurt am Main, Presse- und Informationsamt (Hrsg.): Frankfurt 1933-1945 „Unterm Hakenkreuz", Frankfurt am Main 1999

Steinke, Ronen: Fritz Bauer oder Auschwitz vor Gericht, München 2013

Walch, Klaus: Frankfurt zwischen Krieg und Neubeginn, Gelnhausen 2005

Wippermann, Wolfgang: Das Leben in Frankfurt zur NS-Zeit, Bd. 1: Die nationalsozialistische Judenverfolgung, Frankfurt am Main 1986